교감육아가 IQ EQ를 높인다

교감육아가
IQ EQ를 높인다

초판 1쇄 인쇄 2015년 1월 5일
초판 1쇄 발행 2015년 1월 10일

지은이 김상숙

책임편집 유명화
책임디자인 김혜림

펴낸이 이상순
주　간 서인찬
편집장 박윤주
기획편집 주리아, 김설아, 서한솔
디자인 유영준
마케팅 홍보 이상광, 이병구, 김태양, 박순주

펴낸곳 (주)도서출판 아름다운사람들
주소 (413-756) 경기도 파주시 회동길 103
대표전화 031-955-1001　**팩스** 031-955-1083
이메일 books777@naver.com
홈페이지 www.books114.net

© 2015, 김상숙
ISBN 978-89-6513-336-0 13590

파본은 구입하신 서점에서 교환해 드립니다.
이 책은 저작권법에 의하여 보호를 받는 저작물이므로 무단전재와 무단복제를 금합니다.

세계적 육아학자 브래즐턴의
상호작용 육아법

교감육아가
IQ EQ를
높인다

김상숙 지음

아름다운사람들

시작하면서

'교감'의 효력

사랑하는 아이를 똑똑하고 훌륭하게 키우고 싶은 것은 이 세상 모든 엄마 아빠의 바람입니다. 그래서 조기교육이나 영재교육에 관심을 기울입니다. 그러나 아이에 대한 기본적인 이해 없는 일방적인 교육은 효과를 기대할 수 없습니다.

아이에게 무엇보다 필요한 것은 사랑을 기반으로 한 몸과 마음의 상호작용, 즉 '교감(交感)'입니다. 이 세상에는 참 다양한 삶이 있습니다. 비슷한 문화 속에서 비슷한 교육을 받으며 자라는데도 개개인의 삶은 왜 이렇게 천차만별일까요? 그 이유는 성장 과정에서 부모 형제와의 관계에 따라 인성과 지성의 상당 부분이 결정되기 때문입니다. 생후 3년 동안 아기의 뇌는 급속하게 발달하는데, 이 기간에 아이는 자긍심을 키우고, 타인을 배려하는 자세를 배우며, 학습 동기도 생긴다고 합니다. 이를 통해 엄마 아빠와 상호작용, 즉 교감이 얼마나 잘되느냐가 아이 인생에 얼마나 큰 영향을 미치는지 짐작할 수 있습니다.

이 책에서는 세계적인 육아학의 대가 브래즐턴(T. Berry Brazelton) 박사의 상호작용이론을 바탕으로 한 '교감육아'로 아이의 인성과 학습 능력을 향상하여 IQ와 EQ가 모두 높은 영재로 키우는 방법을 소개합니다. '교감육아'란 아이의 눈으로 세상을 바라보고, 아이 처지에서 생각하며, 아이에게 '항상 너를 자랑스러워하고 사랑한단다'라는 믿음을 심어줌으로써, 아이가 훌륭한 인성과 높은 지성을 갖춘 사람으로 자랄 수 있는 토대를 만들어주는 것입니다.

엄마 아빠와의 상호작용, 즉 교감이 아이의 발달에 어떤 영향을 미치는지에 대해 브래즐턴 박사가 실험한 적이 있습니다. 그 결과 엄마가 아이 얼굴을 쳐다보고 손을 잡고 눈을 맞추며 아이와 똑같은 표정이나 반응을 보여주면 아이의 뇌가 급속히 확장되는 것을 확인할 수 있었습니다. 이것이 바로 '교감'의 효력입니다.

사랑하는 아이가 훌륭한 인성과 탁월한 지성을 갖추고 행복한 인생을 살기를 바라신다면, 아이의 눈으로 세상을 바라보며 몸과 마음으로 애정 어린 교감을 나누세요. 그것이 진정한 영재교육의 핵심입니다.

세계적 육아학자의 상호작용이론을 바탕으로 '교감육아'라는 육아 개념을 정립한 이 책이, 인성과 학습 능력을 최대한 계발해줌으로써 사랑하는 아이를 진정한 영재로 키우고자 하는 부모님들과 유아교육 관련 직종에 종사하는 분들께 많은 도움이 되기를 바랍니다.

김상숙

차례

시작하면서 4

1장 최고의 육아는 교감이다 10

눈맞춤은 교감의 시작 15 | 1초에 40번, 감정을 느끼는 아이 18 | 아빠의 바지바람이 필요해 21 | 스킨십은 전두엽을 발달시킨다 24 | 교감육아의 골든타임 27 | 교감은 몸과 마음의 균형을 잡아주는 육아 30 | 아이 자존감을 키우는 공감 33 | 상상력에 맞장구쳐라 40 | 아이 환경을 인정해야 감정이 통한다 43 | 기분이 뇌를 강하게 자극한다 46 | 엄마 수업, 침착하게 가르치는 방법 49 | 버릇이 뇌 지도를 바꾼다 53 | 아이의 뇌는 금방 지친다 57

교감육아 guide ① 아이의 질문, 엄마의 질문 37
교감육아 guide ② 아이의 버릇을 들이는 방법 61

2장 교감이 유전자를 바꾼다 64

경험에 비례하는 IQ EQ 68 | 유전은 못 바꿔도 환경은 바꾼다 72 | 공감해주는 부모 연습 75 | 아이의 시간은 다르다 79 | 전두엽은 새로운 과제 수행에 관심이 많다 82 | 아이의 교감과 어른의 교감 86 | 공감력을 확장하는 방법 92 | 그곳에 가면 IQ EQ가 쑥쑥 96 | 몸으로 배운 IQ EQ가 오래 간다 100 | 교감 지능의 근원은 오감 체험 104 | 부모의 생활 IQ EQ를 모방한다 107 | 뇌는 반복하는 것에 집중한다 111 | 교감이 유전자를 바꾼다 114

교감육아 guide ③ 나이와 발달 단계에 맞는 놀이(1~3세) 89
교감육아 guide ④ 나이와 발달 단계에 맞는 놀이(4~6세) 117

3장 교감의 조건 120

사회성 교육은 3세부터 125 | 뇌를 촘촘하게 엮어주는 손쉬운 방법 128 | IQ EQ는 관계에서 자란다 132 | 사회성 기초를 닦아주자 136 | 사회성도 연습이다 140 | 애착이 교감하는 뇌, 변연계를 자극한다 143 | 소통 그리고 교감의 전제 조건 150 | 행복한 리더로 키우려면 154 | 감정 신호를 포착하는 아이로 키울 것 158 | 공감과 배려가 리더십을 키운다 161 | 아이는 부모의 사회성을 모방한다 165 | 사회성이 자라면 IQ EQ도 자란다 169

교감육아 guide ⑤ 엄마의 맞벌이 147
교감육아 guide ⑥ 아이들의 싸움 173

4장 교감육아의 골든타임 176

'나'를 내세우기 시작하는 때 180 | '나'에게 반응하는 연습 184 | 아이는 감각 자극을 기억한다 188 | 관찰은 생각을 영글게 만드는 시간 191 | 관찰일기는 지능 프로파일 194 | 피아제처럼, 놀이로 지능 계발하기 198 | 아이 공부를 시작하려면 205 | 생각하는 힘을 키워주는 괜찮은 방법 208 | 뇌는 체계화를 잘한다 211 | 관찰을 즐기는 아이로 키워라 215 | 다양한 감정과 교감하기 219 | 자연에서 아이는 똑똑해진다 223

교감육아 guide ⑦ 생활 속의 수학 놀이 201
교감육아 guide ⑧ 과학을 잘하게 하는 방법 227

5장 교감육아가 IQ EQ를 높인다 230

만 3세 이후에 가능해지는 기억 234 | 언어 환경이 두뇌 발달을 이끈다 238 | 알아듣는 능력과 지능지수 241 | 일방적으로 듣기만 하는 뇌세포는 죽는다 244 | 교감하려면 '천천히, 또렷하게' 247 | 절대 놓치면 안 되는 듣기 교육 250 | 좌뇌와 우뇌를 이어주는 그림책 258 | 뇌는 이야기를 좋아한다 263 | 아이가 주목하고 오래 기억하는 것 267 | 최고의 교감 도구, 동시 270 | 교감육아가 IQ EQ를 높인다 273 | 아이의 대화 능력은 곧 자신감 277 | 교감의 폭을 넓히는 방법 280

교감육아 guide ⑨ 나이에 따른 말하기 지도 방법 254
교감육아 guide ⑩ 좋은 책을 고르는 방법 284

6장 바로 시작하는 실전 교감육아 288

지능은 자존감에서 비롯된다 292 | 창의 두뇌를 찾아주는 미술 교육 296 | 오감 미술 교육이 정서를 키운다 299 | 똑똑한 뇌는 패턴을 좋아한다 303 | 세상에 대한 경계를 없애주는 교감 도구 307 | 뇌는 소리를 잘 기억한다 311 | 교감 본능을 깨우는 음악 교육 314 | IQ와 EQ를 이어주는 음악 교육 321 | 창의력과 집중력의 근본은 모방 본능 325 | 행동으로 교감하는 신체활동 교육 328 | 몸으로 배운 것은 오래 기억된다 331 | 공감력을 높이는 예능 교육 334 | 교감하는 아이는 행복하다 337

교감육아 guide ⑪ 유아기 예능 교육 방법 318
교감육아 guide ⑫ 텔레비전으로부터 아이의 감성을 보호해주세요 339

마치면서 343
이 글을 쓰는 데 참고한 책들 345

최고의 육아는 교감이다

주입하는 부모
교감하는 부모

　태어나서 처음 가보는 낯선 곳에 혼자서 가본 적이 있습니까? 그곳이 외국이라면 어떨까요? 아니, 지구가 아닌 외계의 어떤 별이라면 어떨까요? 그곳에서 한 끼라도 혼자서 해결할 수 없다면, 몸과 마음조차 새롭게 적응해야 한다면 어떻게 하시겠습니까?
　그처럼 아이에게는 이 세상이 자기 몸의 몇 배나 되는 낯선 거인들이 사는 외계입니다. 상상해보세요. 갓 태어나 생전처음 허파로 들어오는 낯선 공기로 숨을 쉬고는 있지만, 아직 몸도 마음대로 움직일 수 없습니다. 자신이 누구인지도, 주위에 무엇이 있는지도 모른 채 그저 살아야겠다는 본능으로 먹고, 피곤하면 잡니다. 그때 전부터 알던 누군가가 이렇게 속삭여준다면 어떤 기분이 들까요?

"너를 환영한다. 여기는 외계가 아니라 이제부터 네가 살아갈 세상이란다."

이처럼 아이는 자신이 외계인이 아니라 이 낯선 세상과 연관되어 있다는 것을 늘 확인하고 싶어합니다. 그런 것들이 아이 마음속에 쌓여 이 세상을 살아갈 수 있는 뿌리이자 에너지원이 됩니다. 그리고 이것이 바탕이 되어 여러 가지 지식과 기술과 능력을 익힐 힘이 생기는 것입니다. 만약 이런 확신을 하지 못한다면 아이는 평생 자신이 이 세상에서 낯선 외계인이라는 생각에 시달리며 살아갈지도 모릅니다. 그래서 자기도 모르는 이유로 무언가에 쫓기고 끌리며 갈피를 잡지 못하는 힘겨운 인생을 살게 될지도 모릅니다. 이런 것을 우리는 흔히 '정서 불안'이라고 표현합니다. 즉, 아이가 정서가 안정된 사람으로 자라도록 하려면, 자궁에서부터 이어져 있던 엄마가 그 강한 유대감으로 아이에게 이 세상과 연결되었다는 느낌을 줘야 합니다. 이것이 바로 엄마와 아이의 교감이 필요한 이유입니다.

아이도 한 사람의 타인입니다. 단지 특별한 타인이라는 거죠. 따라서 아이와의 관계도 저절로 되는 것은 아닙니다. 직장 동료나 이웃 사람들과 인간관계를 맺을 때 어떻게 하십니까? 예의를 갖추고, 말도 골라 하고, 적절한 화제를 놓고 이야기 나누며 함께 어울리려 애쓰지요. 상대의 표정을 살피며 상대방이 어떤 생각을 하는지 알려 하고, 자신이 어떤 모습으로 보일지 신경 쓰기도 합니다. 상대가 당신이 사랑하는 사람이라면 더 그렇겠지요. 이처럼 다른 인간관계와 마찬가지로 아이와의 관계에도 노력이 필요합니다.

그러므로 아이의 마음을 파악하고 아이를 대하는 자기 모습을 돌아보며, 서로 어떤 관계를 맺고 있나 생각해볼 필요가 있습니다. 더구나 아이는 엄마 아빠와의 이러한 일상적인 관계에서 다른 사람들과 관계 맺는 방법을 배운답니다.

이 장에서는 은이와 은이 가족의 이야기를 읽으며 엄마 아빠와 아이의 교감을 통한 접촉과 교류 방법과 이를 바탕으로 아이의 기본적인 생활습관을 형성하는 방법을 소개합니다.

눈맞춤은
교감의 시작

● 내 이름은 은이

내 이름은 은이예요. 나이는 만으로 세 살이고, 별명은 종달새랍니다. 왜냐하면 아침에 일찍 일어나고, 밖에 놀러나가기 좋아하고, 이것저것 호기심이 많기 때문이에요. 그리고 무엇보다도 늘 종알종알 이야기하기를 좋아해서 엄마 아빠가 그런 별명을 지어주셨어요.

우리 집에는 아빠, 엄마, 나 그리고 동생 기범이가 함께 살고 있어요. 내 동생 기범이는 세상에 태어난 지 일곱 달밖에 되지 않았어요. 아직 말도 할 줄 모르고 걸음마도 할 줄 모른답니다. 기범이의 별명은 찹쌀동이예요. 찹쌀처럼 통통하고 야무지다고 엄마 아빠가 그렇게 지어주셨어요.

아침 7시면 우리 집 시계들은 바쁘답니다. 이 방 저 방에서 "찌르릉 찌르릉", "삐삐삐" 하며 울리기도 하고, "깊은 산속 옹달샘~" 노래도 흘러나오지요. 잠이 깬 나는 이불 속에 가만히 누워 있어요. 그러면 엄마 아빠가 까치발로 사뿐사뿐 방에 들어와 음악을 켜고 내 귀에다 이렇게 속삭이세요.

"우리 사랑하는 종달새야, 상쾌한 아침이에요. 일어나세요."

그제야 나는 하품을 하고 눈을 비비며 "엄마, 아빠" 하면서 엄마 아빠의 목에 매달립니다. 그러면 엄마 아빠도 나를 끌어안고 간지럼을 태우시지요.

아빠가 일하러 나가시고 나면 엄마는 집안일을 하느라 바쁘세요. 나도 "엄마, 엄마" 하면서 하루 종일 엄마를 졸졸 따라다니느라 바쁘답니다. 엄마가 빨래를 널 때면 나는 널어놓은 빨래들 사이로 숨어요. 그러면 엄마는 눈을 동그랗게 뜨고 "우리 은이 어디 있을까?" 하면서 나를 찾으시지요. 그러면 나는 얼른 뛰어나가 "나 여기, 은이 여기 있어요" 하지요. 참 이상해요. 왜 엄마를 자꾸자꾸 부르고 싶은 걸까요? 그리고 엄마가 내 이름을 불러주면 왜 기분이 좋은 걸까요? 왜 엄마만 보면 가서 매달리고 안기고 싶은 걸까요?

해가 지면 나는 "엄마, 아빠 오시나 가보자" 하고 엄마의 손을 잡아당겨요. 그러면 엄마는 기범이를 업고 대문을 나서시지요. 우리는 골목에 나가 큰 나무 밑에 앉아서 지나가는 사람들과 차들과 집집이 켜지는 불빛을 보면서 노래를 불러요.

어느새 저만치서 아빠가 "은이야" 하고 나를 부르세요. 얼른 아빠에게 달려가 안기면 아빠는 나에게 뽀뽀를 한 뒤 나를 목마 태우세요. 그리고 우리는 손을 잡고 집으로 돌아오지요.

● **이렇게 교감해요**

아이는 스킨십을 통해 행복을 느낍니다.

사람은 동물과 달리 몸과 마음을 서로 접촉하고 싶어하는 욕구를 가지고 태어납니다. 애무나 말소리, 인사 같은 것으로 서로 자극을 주고받고자 하는 접촉 욕구는 평생 계속되며, 일상생활의 근원적 동기가 되기도 합니다. 이러한 접촉은 부모의 사랑에서 시작됩니다.

아이 이름을 자주 불러주고 아이의 장점을 나타내는 재미있는 별명을 지어주세요. 그리고 안아주고 등을 두드려주는 등 신체 접촉을 자주 하면서 아이의 존재를 인정해주세요. 그것은 세 끼 식사와 마찬가지로 아이의 몸과 마음이 자라는 데 꼭 필요합니다. 아이가 부모에게서 사랑과 존중을 받는다고 느끼며 자라야 어른이 되어서도 삶에 대한 자신감과 함께 더불어 살아가는 세상을 믿을 수 있습니다. 그것이야말로 오랜 세월 스스로 살아가야 할 아이에게 줄 수 있는 가장 큰 선물이 아닐까요.

1초에 40번,
감정을 느끼는 아이

● 엄마는 마술사

"엄마, 엄마, 뭐 하세요?"

동물농장 놀이를 하다가 심심해져서 엄마를 불렀어요.

"응, 엄마는 빨래하고 있어요. 이것마저 하고 나갈게요."

엄마는 늘 바빠요. 빨래를 마친 엄마는 다림질을 하기 시작하셨어요. 이제 나는 엄마 곁에 갈 수가 없어요. 다리미는 너무 뜨거워서 옆에 가면 다치기 쉽거든요. 나는 엄마가 다림질을 마치시기를 기다리며 아기 인형을 데리고 소꿉놀이를 했어요.

일을 마친 엄마는 손을 닦고는 거실 소파에 앉으셨어요. 그리고는 텔레비전을 켜셨어요. 텔레비전에는 아저씨와 아줌마들이 여러 명 나와 이야기를 하며 웃고 있어요. 텔레비전이 재미가 없어서 엄마에게 동요 동영상을 틀어달라고 졸랐더니 엄마는 얼른 동영상을 틀어주셨어요. 나는 노래를 부르며 동영상에 나오는 대로 체조도 따라 합니다.

"머리 어깨 무릎 발~" 하고 노래를 부르다가 곁눈질로 엄마를 살짝 보았어요. 그런데 글쎄, 엄마는 입으로는 내가 부르는 노래를 따라 부르시면서, 어느새 책을 꺼내 보고 계시지 않겠어요?

나는 심술이 났어요. 엄마가 일을 다 마칠 때까지 한참 기다려왔는데…. 나는 엄마에게 달려가서 엄마가 보고 있는 책을 빼앗았어요. 그리고 무슨 책인가 이리저리 살펴보았지요.

"은이야, 그건 아이들이 보는 게 아니고 엄마가 보는 책이야. 봐, 그림은 하나도 없고 글씨만 있지?"

치, 엄마만 책을 보나 뭐. 나도 〈나무꾼과 선녀〉 그림책을 가져왔어요.

그제야 엄마는 웃으시면서, "응, 엄마가 같이 놀아 주지 않아서 우리 은이가 심심했구나. 엄마는 기범이가 잘 동안 쉬고 싶었는데" 하시고는 내가 가져온 그림책을 소리 내어 읽어주셨어요.

그런데 참 이상하지요. 나 혼자서 그림책을 보면 그다지 재미가 없는데, 엄마가 읽어주시면 정말 재미있거든요. 처음부터 끝까지 매일 듣고 또 들었던 이야기인데도 말이에요. 아무래도 엄마는 마술사인가 봐요.

● **이렇게 교감해요**

아이는 엄마와의 접촉을 통해 세상을 배웁니다.

아이는 장난감이나 책과 같은 사물을 통해 세상을 배우는 것이 아닙니다. 그보다는 그러한 사물을 매개로 한 엄마와의 접촉을 통해 세상을 배우지요. 즉 자신을 대하는 엄마의 표정, 말투, 몸짓과 같은 반응과 그것에 대한 자신의 상호작용을 통해 인간과 세상을 배운답니다.

인지 능력 형성의 기초가 되는 호기심도 엄마가 아이가 하는 일에 관심을 보여줌으로써 자극이 됩니다. 호기심을 키워주기 위해서는 갓난아기 때부터 아이가 오랫동안 혼자 놀게 내버려두지 말아야 합니다. 그렇다고 졸졸 따라다니며 아이의 행동을 간섭하고 과잉보호하라는 말은 아닙니다.

아이들은 감수성이 예민해서 자기와 놀아달라고 할 때 귀찮아하거나 다른 데 정신을 쏟고 있으면, 바로 몸으로 느낍니다. 말은 1분에 3백 자를 할 수 있고, 뇌는 1분에 3천 자를 담지만, 감정을 느끼는 신경은 1초에 40번이나 온몸을 순환하며 작용한다고 합니다. 아이가 뭔가를 요구할 때 엄마가 "엄마, 바빠", "피곤해", "기다려"와 같이 대답하는 것은 아이의 마음에 바로 영향력을 미칩니다. 아이에게 엄마가 자기의 세계를 받아들이고 공감하고 있다는 것을 느끼게 해주고, 함께 놀아주세요. 그것은 결코 시간 낭비가 아닙니다. 그런 사랑이 아이의 인생을 만드니까요.

아빠의
바지바람이 필요해

● 꾸러기 아빠

저녁을 먹고 아빠는 텔레비전을 켜놓고 신문을 보세요. 나는 아빠 옆에 앉아서 그림책을 봅니다. 말 그림을 보니 아빠 등이 생각이 났어요.

"아빠, 말타기 놀이하자."

내가 조르니까, 아빠는 할 수 없이 재미있게 보시던 신문을 접고 엎드려서 말이 되었어요.

"이랴! 이랴!"

"힝힝, 다그닥 다그닥…."

아빠 말을 타고 나는 이 방 저 방으로 왔다 갔다 합니다. 갑자기 아빠 말이 거실 구석에 고개를 숙이고 가만히 있어요. 무슨 일일까요? 몸을 구부려 아빠 얼굴을 들여다보니, 어머나, 고개를 번쩍 든 아빠는 어느새 호랑이로 변하셨어요.

"어홍, 은이 잡아먹자."

나는 키득키득 웃으며 정신없이 도망쳤어요. 사실 하나도 안 무섭지만요. 한참 호랑이 놀이를 하다가 이번엔 공놀이를 하기로 했어요.

"슛, 골인!"

아빠는 어느새 골대가 되셨어요. 내가 농구 선수가 되면 아빠는 팔을 앞으로 모아 농구 골대가 되고, 내가 축구 선수가 되면 아빠는 다리를 벌리고 서서 축구 골대가 되어주세요. 그러다 아빠의 다리는 어느 새 터널이 되기도 한답니다. 그것을 본 엄마는 "아빠의 몸이 은이의 놀이터구나!" 하며 웃으시지요.

낮에는 아빠가 집에 안 계시니 참 심심해요. 장난감 전화기를 들고, "여보세요, 아빠예요?" 했더니 그걸 본 엄마가 나를 부르셨어요.

"은이야, 지금은 아빠가 바빠서 전화해도 받으실 수 없으니까, 전화기에 녹음된 아빠 목소리를 들어보자꾸나."

수화기를 드니 아빠의 목소리가 들려요. 아빠는, "종달새야, 사랑해!" 하시기도 하고, "어홍 어홍, 은이 메롱!" 하시기도 해요. 아빠는 정말 장난꾸러기세요. 나도 전화기에다 아빠에게 하고 싶은 말을 녹음합니다.

"아빠, 빨리빨리 오세요. 은이가 기다릴게요."

● **이렇게 교감해요**

아빠와는 교감하는 내용이 다릅니다.

아이들은 엄마와 교감하는 내용과 아빠와 교감하는 내용은 다르답니다. 엄마는 보호자로, 아빠는 놀이 친구로 생각한다는 거죠. 아빠와 자주 노는 아이들은 확실히 성격이 더 활달하고 성취동기가 높으며, 인지 능력과 창의성 발달 면에서도 좋은 영향을 받는다고 합니다.

또한, 엄마와 단둘이 있을 때와 달리 아빠와 함께할 때 가족이라는 집단과 사회를 느끼게 됩니다. 평소에 아빠와 많은 시간을 같이한 아이는 나중에 사회생활에 적응하기도 쉽지만, 아빠 얼굴을 거의 못 보고 자란 아이는 엄마에게 의지하는 습관을 버리기 어렵답니다. 나아가 엄마와 아빠가 의논하며 민주적으로 가정을 이끌어가는 모습을 보며 자란 아이는 남을 잘 배려하고 인간관계도 원만하며 자제력도 많아서 사회에 적응을 잘한다고 합니다. 또한, 아빠는 아이의 성 역할 발달에도 영향을 미칩니다.

그러므로 아빠들은 아무리 피곤하고 바쁘더라도, 매일 30분 이상 아이와 사심 없이 노는 시간을 마련하세요. 이왕이면 근엄함을 벗어 던지고 동심의 세계로 돌아가 아이처럼 장난꾸러기가 되어주면 더욱 좋겠죠. 그것은 아이를 즐겁게 해줄 뿐 아니라 자신의 생활을 유쾌하게 만드는 또 다른 활력소가 되기도 합니다.

스킨십은
전두엽을 발달시킨다

● 나도 업어주세요

시장에 갔다 올 때였어요. 다리도 아프고 목도 말랐어요. 그런데 엄마는 "까꿍, 까꿍" 하며 등에 업힌 기범이만 쳐다보며 가세요.

왜 엄마는 요즘 내게는 "까꿍" 하며 웃지 않으시는 걸까요? 왜 나를 부를 때도 예전처럼 "우리 예쁜이"라고 하시지 않는 걸까요? 어제 저녁에 아빠는 신문을 보시고 엄마는 기범이에게 우유를 먹이고 계셨는데, 엄마가, "여보, 여기 좀 봐요, 기범이가 이가 나나 봐" 하고 소리치셨어요. 그러자 아빠도 재미있게 보시던 신문을 내팽개치시고는 "어디, 어디?" 하며 기범이만 들여다보시는 거예요. 치, 내가 기범이보다 이가 훨씬 많이 났는데, 내가 기범이보다 훨씬 똑똑하고 힘도 센데 말이에요.

"엄마, 나도 업어주세요."

"그럼 기범이는 어떻게 하고? 기범이는 걸음마도 못 하는데."

"그럼 안아주세요."

"다 큰 어린이가 엄마에게 안겨 다니려고?"

엄마는 물건이 가득한 장바구니를 모아 쥐고는 짜증스런 목소리로 말씀하셨어요. 집으로 돌아오자 엄마는 기범이를 보행기에 앉혀 놓고 "은이야, 기범이 잠깐 보고 있어라" 하시면서, 장본 물건을 정리하러 부엌으로 가셨어요. 아까부터 심술이 났던 나는, 얼른 기범이를 떠밀어버리고 보행기를 뺏어 탔어요. 그리고 기범이의 장난감 젖꼭지도 뺏어버렸어요.

"이건 원래 내 거란 말이야. 이 오줌싸개, 똥싸개야!"

기범이는 "아앙" 하고 울음을 터뜨렸어요. 그러자 엄마가 달려와 화를 내시며 나만 꾸중하셨어요.

"잠시도 한눈을 팔 수가 없네. 은이야, 넌 다 큰 애가 아기에게 왜 그러니?"

나는 방에 들어가 엉엉 울었어요. 내가 잘못했다는 것은 알지만, 엄마가 기범이만 귀여워하시는 것이 슬퍼요. 한참 울고 있으니 엄마가 내게로 오셨어요. 그리고 나를 품에 꼭 안고는 말씀하셨어요.

"은이야, 엄마가 기범이를 돌보느라 너에게 소홀한 것 같아 서운했니? 미안하다, 사랑해."

🌱 이렇게 교감해요

아이의 접촉 욕구를 풀어주세요.

큰아이가 한두 살 나이를 먹고 동생이 태어나면 엄마는 예전처럼 접촉을 해주지 않습니다. 그러나 자란다고 해서 그런 욕구가 없어지는 것은 아닙니다. 신체적 접촉의 욕구는 평생 계속되는 것이랍니다. 아이가 동생을 괴롭히는 것은 엄마에게 접촉해달라고 호소하는 신호입니다. 그러므로 그럴 때는 냉정하게 대하지 말고 다정하게 아이의 마음을 풀어주세요. 그러면 아이가 한층 더 의젓해질 겁니다.

학자들의 의견으로는, 아이를 키울 때 유모차를 이용하는 것보다 업어주는 것이 아이의 신체적·정서적·지적 발달을 위해 훨씬 좋다고 합니다. 우선, 태내에 있을 때와 같은 자세로 엄마에게 업혔을 때 아이는 엄마와 몸으로 접촉함으로써 심리적 안정을 느끼고, 자기 키보다 훨씬 높은 높이에서 세상을 볼 수 있으니 시야가 넓어져 주변 사물을 더 활기차게 살펴볼 수 있다고 합니다. 또 유모차를 탔을 때보다 엄마와 훨씬 더 많은 대화를 할 수 있고, 뇌도 덜 흔들리는 등 여러모로 좋다고 합니다.

교감육아의 골든타임

● 겨울 옷

"싫어, 그 치마는 입기 싫단 말이야."

나는 아예 문 앞에 드러누워 버둥거리며 울었어요. 외할아버지 생신이라 외가에 가기로 했거든요. 그런데 엄마는 내가 싫어하는 보라색 치마를 입으라고 하시는 거예요.

"얘가 참, 오늘 입으라고 일부러 예쁜 새 옷을 사 왔는데…. 그럼 네가 입고 싶은 옷을 입으렴."

결국, 엄마는 성난 목소리로 이렇게 말씀하셨어요.

나는 방으로 들어가 옷장을 열고 노란 멜빵바지를 꺼냈어요. 지난 겨울에 매일 입고 다니던, 내가 제일 좋아하는 옷이죠. 내친김에 곰돌이 스웨터도 꺼내고 병아리 양말도 꺼냈어요. 어, 그런데 이상해요. 양말을 신어보니 작아진 것 같아요. 그러고 보니 바지도 작아진 것 같아요. 나는 낑낑 땀을 흘리며 바지를 입고 모자도 썼어요.

"이제 다 됐니?"

어깨를 으스대며 나오는 나를 보고, 기범이를 업고 문 앞에서 기다리시던 엄마는 화난 표정인지 금방이라도 웃음이 터뜨릴 것 같은 표정인지 알 수 없는 얼굴로 말씀하셨어요.

대문을 나서다가 이웃에 사는 송이 엄마랑 욱이 엄마를 만났어요.

"은이야, 너 옷차림이 왜 그래, 이 따뜻한 봄날에?"

송이 엄마는 웃음을 터뜨리며 말씀하셨어요. 나는 무안하고 화가 나서 '다시는 송이 집에 놀러가지 말아야지' 하고 생각했어요.

엄마는 모르는 척 앞만 보고 가시네요. 길을 걷다가 더워서 스웨터를 벗고 싶었지만 내가 입겠다고 우겼던 옷이라 참았어요. 그런데 버스를 타니 왠지 사람들이 나만 쳐다보는 것 같았어요.

외가에 가니 외삼촌과 이모가 나를 보고 깔깔 웃으세요. 외할아버지 생신이라 상에는 맛있는 반찬이 가득하지만, 입맛도 없었어요. 그저 덥기만 하고 집에 돌아가고 싶은 생각만 자꾸 났어요. 그러다가 물을 엎질러서 옷을 다 버렸지 뭐예요. 결국, 내가 입고 온 옷은 벗고 사촌언니 옷을 빌려 입기로 했어요. '아, 이제야 시원하다.'

엄마가 웃으면서 물으셨어요.

"은이야, 새 옷이 그렇게 싫었어?"

"내가 싫어하는 보라색이잖아요."

그제야 엄마는 고개를 끄덕이시면서, "그래, 알았다. 다음부터 새

옷을 살 때는 꼭 너랑 함께 가도록 할게" 하셨어요.

● **이렇게 교감해요**

'나'를 느껴야 '타인'을 느낄 수 있어요.

두세 살이 되면 아이들은 반항기에 접어듭니다. "안 돼", "싫어"를 연발하고 터무니없는 일로 억지를 부리기도 하며, 자기 뜻대로 안 되면 떼를 쓰고 버둥거리기도 하지요. 이러한 반항은 바로 아이가 성장했다는 표시랍니다. 반항하면서 아이는 엄마와 자신이 서로 다른 하나의 인격적 주체라는 것을 인정받기 바랍니다. 다만 이러한 자신의 마음을 다른 사람이 이해할 수 있도록 사회적으로 적합하게 표현하는 방법을 아직 찾지 못한 것일 뿐이지요.

아이의 반항을 반항 그 자체로 받아들여 나무라고 억누르기만 하면 욕구불만이 되어 나중에 부작용을 낳습니다. 그러므로 아이가 반항할 때는 아이의 입장에서 그 이유를 파악해보세요. 그리고 자기 자신을 주장하는 방법을 바꾸도록 찬찬히 이야기해주세요. 그래도 아이가 계속 떼를 쓰면 계속 꾸짖기보다는 똑같은 경우에 올바른 행동을 할 때 칭찬해주세요. 부모로부터 주체성을 존중받으며 자란 아이가 자라서도 자립적인 사람이 된답니다.

교감은 몸과 마음의
균형을 잡아주는 육아

● 올빼미 꿈

시골 할아버지 댁에 가서 며칠 있다가 오기로 했어요. 할아버지 댁에는 할아버지, 할머니, 큰아버지, 큰어머니, 지웅이 오빠와 혜인 언니가 살고 있어요.

할아버지 댁에는 먹을 것이 참 많아요. 오늘은 할머니께서 삶은 감자랑 복숭아랑 수박을 잔뜩 주셨어요. 그런데 오줌이 마려워 화장실에 가려다 그만 옷에다 주르륵 싸버렸지 뭐예요.

"얘가 수박을 너무 많이 먹었나 보다."

할머니께서 내 옷을 갈아입히며 말씀하셨어요. 나는 무안하고 부끄러워 엉엉 울었어요.

"자, 괜찮다. 울지 마라. 얘들아, 은이 데리고 냇가에 송사리 잡으러 갔다 오자."

난 할머니 등에 업혀 냇가로 갔어요. 냇가에는 둥글고 하얀 돌과 파랗고 매끈매끈한 돌이 참 많았어요.

언니와 오빠가 그 자갈 사이로 폴짝폴짝 뛰어가네요. 그걸 보고 나도 할머니 등에서 내렸어요. 나도 언니와 오빠처럼 폴짝폴짝 뜀뛰기를 해보고 싶었거든요.

"하나, 둘, 셋!"

아, 그런데, 그만 미끄러져 자갈 위에 넘어졌어요.

"엉엉, 난 집에 갈 거야!"

"언니와 오빠는 컸으니까 뜀뛰기를 잘하지. 너도 내년에는 잘할 수 있을 거야."

할머니께서는 내 등을 토닥거리며 달래주셨어요. 하지만 나는 길바닥에 주저앉아 엉엉 울었지요. 내가 울음을 그치지 않자 할머니께서는 무서운 목소리로 이렇게 말씀하셨어요.

"이렇게 자꾸 우는 아이는 밤에 뒷산 올빼미가 와서 잡아간다!"

그날 밤 꿈에 올빼미가 내 다리를 물었어요. 할머니께서는 "잠결에 언니 다리가 네 다리에 닿은 거야" 하며 달래주셨지만, 나는 너무 아프고 무서웠어요. 그래서 집에 가겠다고 떼를 썼답니다.

💬 이렇게 교감해요

아이는 균형기와 불균형기를 반복하며 성장해요.

이 무렵의 아이들은 자신의 능력을 과신하면서 턱없이 무모한 짓을 하여 안전사고를 많이 일으킵니다. 반대로 갑자기 아기처럼 행동하며 정말 아무것도 아닌 것을 두려워하기도 합니다. 갑자기 대소변을 못 가리기도 하고 손가락을 빨거나 울기도 하지요. 그러면 부모는 "아이가 왜 안 하던 짓을 하지, 어디 아픈가?" 하고 걱정합니다.

그러나 걱정할 필요는 없습니다. 아이들의 몸과 마음은 균형기와 불균형기를 반복하면서 성장하니까요. 성장이 순조로운 균형기에는 잠도 잘 자고 쾌활하게 잘 놀지만, 불균형기에는 잠도 잘 안 자고 감기도 잘 걸립니다. 또한, 마음의 균형을 이루지 못해 공격적으로 행동하기도 하고 행동이나 지능 면에서 성장이 잠시 멈춘 듯 보일 수도 있습니다. 아기 때보다 경험과 지식이 많아지고 상상력이 발달하면서 공포심 또한 커집니다.

아이는 이런 위기를 몇 번 거치면서 한 사람의 어른으로 성장합니다. 그러므로 아이가 그 시기를 짧고 가볍게 잘 넘길 수 있도록 도와주세요. 아이가 아기 같은 행동을 할 때는 놀리거나 꾸중하지 말고 안심시켜주고, 아이가 어떤 것을 두려워하면 우선 그 감정을 이해해주면서 두려움을 극복할 수 있는 경험을 하도록 해주세요. 그리고 늘 안전에 신경 써주세요.

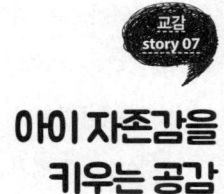

아이 자존감을
키우는 공감

● 나하고 이야기하자

저녁에 엄마가 기범이를 업고 할아버지 댁에 오셨어요. 나는 반가워서 깡충깡충 뛰었어요.

"엄마, 아빠는요?"

"아빠는 밤늦게 오실 거야."

"어멈아, 차가 많이 밀렸지? 어서 저녁 먹어라. 우린 방금 먹었다."

할머니는 기범이를 받아 안으셨어요. 큰어머니가 밥상을 들고 들어오셨어요. 나는 얼른 "나도 밥 먹어야지" 하면서 엄마와 함께 밥상 앞에 앉았어요.

엄마는 밥을 드시고 할머니는 엄마를 바라보며 이야기를 하십니다. 나는 엄마 손을 잡았어요.

"엄마, 나하고 이야기하자."

"그래. 이야기해봐. 할아버지 댁에서 무얼 하고 놀았어?"

"어멈아, 글쎄 얘가 그저께 말이야. 수박을 먹고…."

할머니께서는 엄마에게 또 이야기하십니다. 엄마는 할머니 이야기에 고개를 끄덕이며 밥을 드시느라 바빠요. 나는 엄마 무릎에 매달렸어요.

"엄마, 나하고도 이야기하자니까요."

"그래그래. 냇가에 나가니까 재미있었어?"

그때 큰어머니께서 들어오셨어요.

"동서, 기범이는 어쩌면 그렇게 건강해? 벌써 혼자서 서네."

엄마와 할머니와 큰어머니는 기범이를 쳐다보며 기범이 이야기로 웃음꽃을 피우십니다. '치, 나하고 이야기하자니까….'

아, 좋은 생각이 떠올랐어요. 나는 엄마 가방에서 기범이 바지와 딸랑이를 꺼냈어요. 그리고 끙끙거리며 기범이 바지를 억지로 껴입었어요. 그리고 딸랑이를 입에 물고 텔레비전 옆으로 가 섰습니다.

"엄마, 이것 봐요! 나 한번 봐요!"

내가 소리치자 온 식구들이 놀란 얼굴로 나를 쳐다보셨습니다. 그리고 하하하 웃음보를 터뜨리셨어요. 하지만 엄마는 전혀 웃지 않으셨어요.

엄마는 내게로 다가와서 나를 꼭 껴안으시며 귀에 대고 말씀하셨어요.

"그래, 은이야. 엄마가 얼른 밥 먹고 은이하고 단둘이서 소곤소곤 이야기 많이 할게. 알았지?"

💬 이렇게 교감해요
아이가 이야기할 때는 귀 기울이세요.

아이는 엄마 아빠를 즐겁게 하는 데서 기쁨을 느끼고, 늘 엄마 아빠와 아늑하고 호젓한 관계를 갖기를 갈망합니다. 그리고 그럴 수 없을 때는 자기가 실패했다는 감정을 느낍니다.

아이는 부모가 자기 이야기에 관심을 보이지 않으면 안타까움과 불안을 느낍니다. 엄마 아빠에게는 다른 일이 더 중요하며, 엄마 아빠가 자기를 사랑하지 않고, 자신의 가치를 인정하지 않는다는 생각을 합니다. 그러다 보면 허탈감과 욕구불만에 쌓이고, 그것을 메우기 위해 울고 불평하고 걱정거리를 만들어 엄마 아빠의 관심을 끌려 합니다. 이러한 시도 속에는 부모의 주목을 받고 싶다는 궁극적 욕망이 들어 있는 것입니다.

그러므로 아이가 이야기할 때는 하던 일을 멈추고 아이의 말에 주목해주세요. 주목한다는 것은 마음이 딴 데로 분산되지 않고 모든 생각이 상대방에게 모이는 상태를 말하죠. 그 무엇에도 방해받지 않고 완전한 일체감을 느끼는 이런 상태는 아이에게 '엄마 아빠를 나 혼자 차지했다', '나는 엄마 아빠한테 제일 중요한 사람이다'는 기쁨을 주는데, 그것은 갖고 싶어 하던 장난감을 가졌을 때 즐거워하는 마음과는 다르며, 아프고 불안한 마음을 감싸주고 치유하는 힘이 있습니다. 따라서 아이에게 이런 마음을 갖게 해주는 것은 여유가 날 때나 하는 하찮은 일이 아니겠지요?

● 교감육아 Guide ①
아이의 질문, 엄마의 질문

1. **아이의 질문에는 친절하고 성실하게 대답해주세요.**
- 아이들은 늘 주위 사물에 관심을 가지며 세상을 알고 싶어 합니다. 말을 하면서부터 아이는 여러 가지 질문을 하기 시작합니다. 그런데 엄마 아빠가 아이의 질문을 귀찮아하고 싫어한다면 아이는 쓸쓸해하며 속생각을 겉으로 표현하지 않는 아이가 될 수도 있습니다.
  - 엄마 바빠. 내일 다시 물어라.
  - 그런 건 왜 묻니? 알아서 뭘 해? 크면 다 알아. 귀찮다. 나가 놀아.

  이런 말을 자주 듣는 아이는 더는 질문하지 않고 호기심도 없어집니다.
- 아이는 민감해서, 엄마가 자기 질문에 건성으로 대답하면 자기를 싫어하는 줄 압니다. 그러므로 바빠서 당장 대답을 못 해줄 때는 기다려 달라고 하고 나중에라도 꼭 대답해주세요.

2. **아이의 수준에 맞추어 알아들을 수 있게 대답해주세요.**
- 세 살 전후의 아이는 "이건 뭐예요?" 하며 사물의 이름을 자주 묻습니다. 그리고 이름을 들으면 다 알았다고 생각하고 거기에

만족하지요. 그러므로 자연스럽게 대답해주며 아이가 주위의 여러 가지 사실에 눈을 돌릴 수 있게 해주세요.
- 아이가 다소 복잡하고 어려운 질문을 하더라도 아직 과학적 설명을 요구하는 것은 아니므로 과학적인 지식에 너무 신경 쓰지 말고 아이의 수준에 맞게 대답해주면 됩니다.

3. 아이의 질문을 되물어보면서 생각의 폭을 넓혀주세요.

- "개미는 어디에 있어요?"라고 질문하면 곧바로 대답하지 말고 "어디 있을까요?" 하고 되물으며 아이와 함께 답을 찾아보세요.
- 또 아이가 뜻밖의 것을 발견하고 "왜 그래요?" 하고 물으면, "왜 그럴까? 무엇 때문일까?" 하면서 함께 이상하게 여겨주세요. 그러면 아이는 하나의 사실을 여러 방면으로 생각해보는 습관을 들일 수 있습니다.
- 아이의 질문이 실험할 수 있는 사물과 관계된 것이라면 실험하고 관찰하게 하세요. 실험은 아이가 체험을 통해 답을 찾을 수 있는 최고의 문제 해결 방법입니다.

4. 모르는 것은 모른다고 이야기해주고, 아이와 함께 답을 찾아보세요.

- 아이가 엄마가 알고 있는 범위를 넘어서거나 답을 하기 어려운 질문을 할 때, 적당히 얼버무리거나 거짓말을 하는 것은 아주 좋지 않습니다. 솔직하게 모른다고 대답하고 함께 답을 찾아보자고 하세요. 이러한 제안은 아이의 탐구심을 자극합니다.

5. 엄마가 아이에게 질문하는 것은 과학적인 사고를 훈련하는 좋은 방법입니다.

- 엄마의 질문은 아이가 새로운 것을 생각하게 하고 새로운 의문을 갖게 합니다. 엄마의 질문에 대답하는 동안 아이는 자기 생각을 정리하며 새로운 낱말을 말해봄으로써 생각의 폭을 넓히게 됩니다. 그리고 엄마는 아이의 대답을 듣고 아이가 무엇에 관심이 있고 무엇을 하고 싶어 하는지 알 수 있습니다.
- 아이에게 질문할 때는 "네", "아니오"라고 단답형으로 대답하게 만드는 질문보다는 여러 가지 답이 나올 수 있는 개방적인 질문을 하는 게 좋습니다. 이런 질문은 아이가 새로운 질문을 하도록 이끌어줍니다("개미가 무얼 하고 있지?", "너는 어느 개미가 좋으니?").
- 질문에 아이가 반드시 정답만 말할 것을 기대하진 마세요. 아이의 답이 틀리더라도 답을 찾으려고 노력한 것을 인정해주고, 엄마가 주입식으로 바로 답을 알려주기보다는 다시 질문하면서 아이 스스로 탐색하고 실험하며 답을 찾을 수 있도록 기회를 주세요.

상상력에 맞장구쳐라

● 식탁 아래 작은 집

 엄마는 설거지를 하고 계시고, 나는 식탁 아래 작은 집에서 놀고 있어요. 그 집에는 초록색 의자로 된 벽이랑 아빠의 갈색 허리띠로 만든 문도 있어요. 식탁의 나지막한 천장에는 내가 그린 그림을 붙여 놓았어요. 아기와 멍멍이, 토끼 인형이 우리 식구예요.
 나는 지금 아기를 재우고 있어요. 그런데 멍멍이가 짖는 바람에 아기가 깼네요. 멍멍이를 혼내 줘야겠어요.
 "멍멍아, 너는 문밖에 나가 있어. 네가 떠들어서 아기가 깼잖아."
 멍멍이는 슬픈 듯이 문을 열고 나가 식탁 다리에 기대어 서 있어요.
 얌전한 토끼에게는 상을 줘야겠군요. 나는 토끼에게 맛있는 과자를 주었어요. 나는 늘 방글방글 웃는 토끼 인형이 좋아요. 늘 찡그리고 있는 멍멍이 인형은 미워요.

"똑똑, 은이 아주머니 계세요?"

어머, 손님이 오셨어요. 설거지를 마치신 엄마가 은이네 작은 집에 놀러 오셨어요. 나는 얼른 문을 열어드렸지요. 그런데 엄마 몸집이 커서 식탁 아래 작은 집에는 들어오실 수 없네요. 엄마는 하는 수 없이 몸을 구부리고 고개만 방 안으로 들이밀고는 웃으셨어요.

"은이 아주머니, 뭐 하세요?"

"아기 재우고 있어요."

"아기가 참 예쁘네요. 아기 주려고 바나나를 사 왔는데, 좀 잡숴보세요."

"예, 고맙습니다."

엄마는 사과를 바나나처럼 길쭉하게 깎아 오셨어요. 나는 엄마에게 맛있는 우유를 대접했어요.

한참 나랑 재미있게 노시던 엄마가 말씀하셨어요.

"참, 내 정신 좀 봐. 백화점에 가서 그릇을 사와야 하는데 잊어버리고 있었네. 은이 아주머니, 여기서 저 '노란 찬장' 백화점까지 가려면, 몇 번 버스를 타고 가야 하나요?"

영문을 몰라 눈이 동그래진 나에게, 엄마는 찬장을 가리키며 물어보셨어요. 나는 그제야 엄마의 말뜻을 알아채고 대답했어요.

"네. 저 백화점까지 가려면 1번 버스를 타고 가세요! 그런데 엄마, 가는 길에 바다가 있으니까 빠지지 않도록 조심해야 해요!"

● 이렇게 교감해요

아이의 세계를 존중해요.

텐트 안에든 베란다이든 자신만의 세계를 펼칠 수 있는 공간을 만들어 주고, 열 살이 되기 전에 아이의 방을 따로 만들어주세요. 형편이 안 된다면 커튼으로 공간을 나눠놓기만 해도 괜찮습니다. 그리고 그 안으로 들어가 보세요. 사심 없이 아이와 함께 유쾌하고 즐겁게 지내며 놀이 상대가 되어주다 보면, 아이의 상상력이 자극되어 그 세계는 더 넓어집니다. 그리고 그 세계를 현실과 잇는 다리가 만들어지기도 하지요. 그러면 누구보다도 아이와 마음이 잘 통하는 친구가 될 수 있을 겁니다.

아이는 마음속에 자신만의 세계를 만들고 그 세계 속에서 놀기를 좋아합니다. 그러나 그 세계는 아직 상상과 현실이 구분되지 않은 세계죠. 그래도 아이의 세계를 존중해주세요.

아이 환경을 인정해야 감정이 통한다

● 상자 터널

주룩주룩 비가 옵니다. 집안에만 있으니 너무 심심해요.

"엄마, 밖에 나가자."

"이렇게 비가 많이 오는데 어떻게 나가니? 비 그치거든 나가자."

엄마는 기범이에게 우유를 먹이느라 나를 돌아보지도 않고 말씀하셨어요.

"치, 우산 쓰고 나가면 되지. 나 혼자라도 우산 쓰고 나갈래요."

신발장 옆에 있는 우산을 찾다가, 엄마의 하늘색 꽃무늬 양산이 생각났어요. 그래, 오늘은 그 예쁜 양산을 쓰고 나가봐야겠다. 나는 큰방으로 달려가 엄마의 양산을 찾기 시작했어요.

"양산아, 어디 있니? 서랍장 위에 있니?"

나는 의자를 끌어당겨 놓고 그것을 밟고 서랍장 위로 올라갔어요. 그런데 거기에는 엄마의 하늘색 꽃무늬 양산은 없고 화장품 바구니가 놓여 있네요. 분, 입술연지, 예쁘고 신기한 병에 담긴 화장품들. 나는 뚜껑을 열고 화장품 냄새를 맡아보았어요. 향긋하고 포근한 엄마 냄새가 나요. 나는 거울을 보며, 손가락으로 크림을 푹 찍어 코에 바르고 입술연지도 발랐어요. 그때 엄마가 들어오셨어요.

"아니, 요 개구쟁이, 그새 화장하고 있었어? 자, 그건 치워놓고 거실에 칙칙폭폭 터널을 만들어 놓았으니 가서 놀아라."

엄마의 말씀을 듣고 거실에 가보니 헌 옷을 담던 커다란 상자가 양쪽에 구멍이 뚫린 채 세워져 있어요. 상자 안에 들어가 보니, 어느새 엄마가 상자 안에다 칙칙폭폭 기차 그림이랑 자동차, 비행기 그림도 붙여 놓으셨네요. 나는 신이 나서 밖을 내다보며 엄마에게 외쳤습니다.

"엄마, 까꿍!"

🌸 이렇게 교감해요

신체활동을 할 수 있는 시간과 공간을 제한하지 마세요.

서너 살 무렵의 아이들은 어른보다 생물학적으로 불안정한 상태에 있습니다. 그래서 자기 몸속의 에너지를 분출시키고자 새벽부터 밤까지 쉬지 않고 움직입니다.

바깥이 위험하다고, 부모가 바쁘다고 해서 아이를 방안에 가둬두지 마세요. 아이는 운동량이 부족하면 집 안에서 말썽을 일으키거나 투정을 부리고 반항하면서 남아도는 에너지를 발산시킵니다. 또 운동 부족이 되면 식욕도 없어지고 밤에 잠도 안 자고, 근육이나 뼈도 발달하지 않습니다. 또 피부가 단련되지 않아 감기에 잘 걸리고 습진이 생기기도 쉽지요. 게다가 바깥에 나가 놀지 못하면 친구를 사귈 기회가 없으므로 사회성과 자립정신도 키우기 어렵습니다.

그러므로 아이를 매일 바깥에 데리고 나가서 달리기도 하고 공도 차며 아이가 신 나게 노는 것을 지켜봐 주세요. 그리고 아이에게 간섭받지 않고 자유롭게 놀면서 스스로 자신의 행동을 통제하는 방법을 조금씩 가르치세요. 만약 비가 오거나 밖에 데리고 나갈 형편이 못 되면 실내에서라도 신체활동을 할 수 있도록 간단한 놀이기구를 만들어주는 등 아이가 신체활동을 할 수 있는 시간과 공간을 늘려주세요.

기분이 뇌를
강하게 자극한다

● 진흙 빵

비가 오다가 그쳤어요. 대문 밖에 나와 보니 마을이 목욕한 것 같아요. 저기 큰길에 서 있는 버드나무는 방금 머리 감은 아가씨 같네요. 예쁘게 차려입고 나들이를 가도 되겠어요.

욱이와 송이가 버드나무 옆에 모여 있어요. 다가가 보니 거기에는 누군가 버린 고무대야가 하나 있고 거기에 빗물이 고여 있어요. 욱이와 송이는 대야에 고인 물을 막대기로 열심히 젓고 있어요.

"애들아, 뭐하니?"

"마법의 약 만든다. 너도 같이할래?"

송이는 내게 꼬챙이를 하나 주었어요. 나도 대야에 고인 물을 꼬챙이로 저어서 아이들과 함께 마법의 약을 만듭니다.

아, 대야 옆에는 진흙이 있군요. 빗물에 젖은 진흙을 만지면 기분이 참 좋아요. 우리는 진흙을 손으로 주물럭거리다가 빵을 만들기 시작했어요. 한참 빵을 만들다 보니 엄마 생각이 났어요.

'이 빵을 엄마에게 하나 갖다 드려야지.'

나는 진흙 빵을 싸들고 얼른 집으로 달려가 엄마를 불렀어요.

"엄마, 엄마, 빵이에요."

엄마는 내가 만든 진흙 빵을 보더니 깜짝 놀라면서 말씀하셨어요.

"어휴, 은이가 이렇게 큰 빵을 다 만들었구나. 맛있겠네. 안에 팥도 들었니? 여기 이 접시에 담아서 마당에 나가 먹자."

엄마와 나는 진흙 빵을 장난감 접시에 담아서 마당에 나와 앉아 냠냠 맛있게 먹었어요. 빵을 다 먹고 난 뒤, 나는 손을 씻고 옷을 갈아입었어요.

"다음부터 진흙 빵을 만들 땐 엄마처럼 앞치마를 해야겠네."

내 옷을 갈아입히면서 엄마는 그렇게 말씀하셨어요.

● **이렇게 교감해요**

"안 돼"라고 말하기 전에 한 번 더 생각해보세요.

아이가 진흙 빵을 들고 들어오면 어떻게 하십니까? 흙장난해서 옷이며 집 안을 더럽힌다고 무조건 꾸중하시진 않나요? 꾸중하고 "안 돼"라고 말하기 전에 한 번 더 생각해 보세요.

아이들은 늘 활발하게 새로운 장난을 하고 새로운 자극을 즐깁니다. 사람은 태어날 때부터 자신의 환경을 탐색하고 조절하고 지배하고 싶어 하는 본능을 갖고 있다고 합니다. 그러므로 아이들은 이렇게 장난을 치면서 세상을 탐험하고 환경에 영향을 끼칠 수 있는 심신의 능력을 키웁니다.

그러므로 아이가 안전하고 자유롭게 놀 수 있는 공간을 마련해주고, 위험에 대해 주의해야 할 때를 제외하고는 될 수 있는 대로 꾸짖지 않는 것이 좋습니다.

우리나라 사람들은 칭찬하는 데 인색하다고 하지요. 그러나 아이들은 늘 자신의 행동에 대한 엄마의 반응에 신경을 쓰며, 엄마의 칭찬과 격려를 통해 세상을 살아갈 수 있는 용기와 자신감을 키운답니다. 즉, 칭찬이야말로 값비싼 선물보다 더 값진 상이며, 칭찬의 과정은 사랑을 표현하는 자연스러운 의사소통의 과정입니다. 설사 아주 유치한 일을 벌여 집 안을 어지럽히더라도, 아이의 행동 속에 담긴 마음을 먼저 보세요.

그리고 처음 시도한 일에 대해서는 칭찬을 듬뿍 해주고, 주위를 어지럽히지 않고도 잘할 수 있는 다른 방법을 찾을 수 있도록 이끌어 주세요.

엄마 수업,
침착하게 가르치는 방법

● 착한 아이가 되는 연습

저녁을 먹기 전이었어요. 아빠가 "모기가 있어. 모기향을 피워야 겠네!" 하셨어요.

"내가 할 거야."

나는 얼른 뛰어가 전기 모기향의 플러그를 꽂았어요. 그 위에 냉장고 플러그가 꽂혀 있기에 나는 그것을 빼놓았어요.

"누가 냉장고의 플러그를 빼놓았지? 은이 네가 그랬지?"

"네."

"엄마가 전기 플러그에 손대면 안 된다고 그랬지? 잘못하면 크게 다친단 말이야. 더구나 냉장고의 플러그를 빼버리면 음식이 다 상하는데 밥은 어떻게 먹겠니?"

"잘못했어요."

나는 전기 플러그와 스위치를 가지고 놀기를 좋아해요. 전기 플러그를 빼다가 엄마에게 "찰싹" 손등도 많이 맞았지만, 전기 플러그를 보면 빼고 싶고 스위치를 보면 켰다 껐다 하고 싶어져요. 엄마 아빠가 전기 콘센트에 플라스틱 덮개를 씌우기도 하셨지만, 소용이 없어요. 그래서 우리 집에는 한밤중에도 현관의 불이 켜져 있기도 하고 냉장고 스위치가 빠져 있을 때도 있답니다.

오늘은 엄마가 무언가 결심을 하셨나 봐요.

"그래. 전기 플러그와 스위치 만지기를 좋아하니까, 이젠 네가 그걸 맡아서 늘 그것들이 제자리에 있는지 확인하렴. 자, 오늘부터 연습해보자."

엄마는 나와 함께 집 안을 돌며 전기 플러그와 스위치가 있는 곳마다 그것이 제대로 있는지 살펴보라고 하셨어요. 저녁을 먹고 나서도 또 집 안을 한 바퀴 돌며 전기 플러그가 제대로 꽂혀 있는지, 안 쓰는 불은 꺼져 있는지 살펴보라고 하셨어요.

자기 전에도 플러그와 스위치를 또 확인했어요. 집 안을 한 바퀴 다 돌고 나서 엄마가 말씀하셨어요.

"저기 현관에 있는 스위치가 어떤지 모르겠네. 한 번만 더 보자."

나는 몹시 지치고 피곤했지만, 엄마와 함께 집 안을 다시 한 바퀴 돌았어요. 그제야 엄마는, "오늘 연습은 충분하다"며 인제 그만 자라고 하셨어요.

이튿날 아침을 먹고 나서, 엄마는 또 말씀하셨어요.

"은이야, 전기 플러그하고 스위치 보러 가야지."

"엄마, 이젠 플러그하고 스위치 안 만질게요."

나는 이제 그것들이 싫어졌어요.

💬 이렇게 교감해요

버릇 들이기는 상황 해석 능력과 자제심을 훈련하는 것.

흔히 아이의 버릇을 들이는 것은 벌을 주는 것으로 생각하지요. 그러나 벌은 일시적으로 움츠러들게 하는 전기충격 정도밖에 되지 않습니다. 오히려 벌을 줄수록 아이는 부모를 미워하고 무서워하며, 부모의 말을 듣기 싫어하게 됩니다.

아이들은 어른처럼 다른 사람에게 피해를 주거나 위험한 일이 무엇인지 잘 알지 못합니다. 그러므로 엄마 아빠가 상황을 해석해주고 자제심을 기를 수 있도록 이끌어주어야겠지요. 단, 아이는 어디까지나 아이일 뿐이므로, 아이의 활동적 기질을 억제하지 않으면서 충분히 알아들을 방법으로 이끌 필요가 있습니다.

아이를 꾸짖지 않으면서 침착하게 가르치는 것이 이상적이지만, 현실적으로는 그게 쉽지 않죠. 어떤 방법이 좋을까요? 앞의 이야기에서 예를 든 것은, 나쁜 행동에 반대되는 좋은 행동을 여러 번 반복하여 좋은 행동을 훈련하고 나쁜 행동에 대한 호기심을 없애는 방법입니다. 이 방법을 쓸 때는 반드시 엄마가 직접 감독하고, 아이가 반발하거나 울어도 모른 척 계속 하다가, 지시하는 대로 다 해내면 칭찬해주고 상을 주도록 하세요.

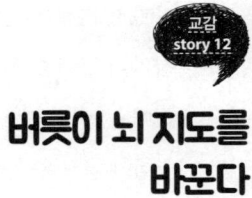

버릇이 뇌 지도를 바꾼다

● 아빠와 함께 청소를

저녁을 맛있게 먹고 아빠가 말씀하셨어요.

"은이야, 우리, 엄마가 설거지하는 동안 거실을 청소해서 엄마를 깜짝 놀라게 해드리자."

그때부터 아빠와 나의 청소 대작전이 시작되었어요. 우선 창문부터 활짝 열어야겠어요. 그리고 흩어진 물건들을 제 자리에 갖다 놓아야겠죠.

나는 아빠와 함께, 펼쳐져 있는 신문은 접어서 탁자 위에 얹고 책은 책장에, 옷은 옷장에, 베개는 침대 위에, 방석은 소파 위에 놓았어요. 흩어져 있는 기범이의 기저귀도 모아 기저귀 상자에 넣고, 빈 우유병이랑 물컵은 부엌에 계신 엄마에게 갖다 드렸어요.

장난감도 정리해야지요. 소꿉살림은 아기 인형의 집에 담고 숫자 블록은 상자에 담아요. 어, 블록을 상자에 담고 보니 수박이 그려진 블록이 없어요. 어디 갔을까? 한참을 찾아보니, 글쎄 보행기에 앉아 있는 기범이가 블록을 손에 들고 빨고 있네요.

"기범아, 그건 지지야, 누나가 딸랑이 줄게."

탁자 밑에 흩어져 숨어 있는 구슬도 모아서 통에 담아야지요. 빨간 구슬은 아빠가 모아서 담고, 파란 구슬은 내가 모아서 담기로 했어요. 아빠랑 나랑 누가 구슬을 더 빨리 담나 내기도 하지요.

그다음에는 걸레로 방을 깨끗이 닦지요. 아빠는 걸레를 빨아 와서 바닥을 쓱쓱 싹싹 닦기 시작했어요. 나도 아빠 옆에서, 아빠 흉내를 내며 걸레로 바닥을 빡빡 문질러요.

"씽씽!"

아빠가 갑자기 걸레로 방바닥을 밀면서 엎드려서 달리기를 하세요. 나도 아빠를 뒤를 쫓아가며 거실 이쪽에서 저쪽까지 걸레를 들고 달리기를 했어요.

이제 청소가 끝났어요. 기분이 정말 상쾌해요. 그때 설거지를 마친 엄마가 손의 물기를 앞치마로 닦으며 오셨어요. 엄마는 깨끗해진 거실을 보고 눈이 휘둥그레져서는 입을 다물지 못하셨어요.

엄마는 아빠와 내가 청소해놓은 것을 볼 때마다 깜짝 놀라세요. 엄마는 아빠와 나에게 청소를 잘한 상으로 우유 한 잔과 뽀뽀 한 번을 해주시지요.

● **이렇게 교감해요**

아빠가 나서서 정리·정돈하는 습관을 들여주세요.

아이들은 세 살 정도면 엄마 아빠를 흉내 내어 정리하는 데 흥미를 느끼게 되고, 네 살 정도면 엄마 아빠가 일러주는 대로 조금씩 치울 수도 있습니다. 이때가 정리정돈의 습관을 키우기 가장 좋은 시기지요. 정리·정돈하는 습관을 들이는 것은 아이의 성격 형성에 아주 중요합니다. 아이가 자라면서 방도 치우지 않고 입던 옷을 그대로 입고 자며, 제 물건이 어디에 있는지 몰라 늘 허둥대거나 엄마의 손을 빌리면서 살아야 한다고 생각해보세요.

물론 아이에게 일을 시키려면 엄마의 인내력이 필요하지요. 아이가 느릿느릿 하는 것보다는 엄마가 하는 편이 훨씬 빠르니까요. 하지만 이러한 일은 돈 들여 시키는 공부보다 훨씬 더 값진 학습이 됩니다. 그러니 아이가 서툴더라도 성급하게 재촉하지 말고 스스로 해보도록 기회를 주세요. 아이가 집안일을 돕는 것은 그저 부모의 지시나 요구에 따르는 것이 아니라, 가족의 한 구성원으로서 당당하게 집안일에 참여하며 엄마 아빠를 돕는 것이라는 의미를 부여해주세요. 게다가 빨래 개기나 청소하기, 물건 정리·정돈하기와 같은 일은 인지능력 향상과 소근육 발달에 상당히 도움이 됩니다.

그러므로 아이가 서너 살이 되면 엄마 아빠와 함께 청소하며 자기 물건을 정리·정돈하는 습관을 길러주세요. 물론 잘하지는 못하겠지만, 제 할 일을 배우며 어릴 때부터 집안일은 엄마 혼자만의 일이 아닌 가족 공동의 일이란 것을 인식하고, 가족의 한 구성원으로서 협동심과 주체적인 자립심도 키울 수 있습니다. 자, 이렇게 하려면 아빠가 먼저 모범을 보여야겠지요?

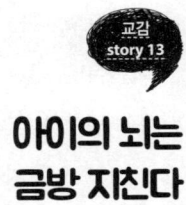

아이의 뇌는
금방 지친다

● 혼자서 잠들기

기범이 백일 날, 엄마 아빠는 작은방을 대청소해서 내 방으로 꾸며주셨어요. 그리고 엄마가 말씀하셨어요. "은이 방이 생겨서 은이는 참 좋겠네. 오늘부터 은이는 은이 방에서 자면 되겠다. 침대도 푹신하고, 이불도 예쁘고. 은이야, 기범이도 함께 재워줄 거지?"

그리고 잠잘 시간이 되자 또 말씀하셨어요.

"이제 은이는 아기가 아닌 어린이니까 엄마 아빠가 재워주지 않아도 혼자 잘 수 있지?"

하지만 늘 엄마 옆에서 자다가 혼자 자려니 잠이 오지 않았어요. 나는 엄마에게 가서 "엄마도 내 방에서 자자" 하고 졸랐어요. 그러면 엄마는 일어나 내 방으로 오셔서 저만치 작은 불빛 아래서 혼자서 책을 보셨어요. 나는 그런 엄마를 바라보다 스르르 잠이 들곤 했지요.

어린이날, 나는 토끼 베개와 빨간 시계를 선물로 받았어요. 토끼 베개는 엄마가 만드신 건데, 참 푹신해요. 빨간 시계에서는 잠잘 시간이 되면 예쁜 자장가가 흘러나와요. 나는 그 소리가 좋아 몇 번이고 시곗바늘을 돌리며 들어보았어요. 엄마 아빠는 시계 뒤에 내 이름도 써 붙여주시고, 시계 보는 방법도 가르쳐주셨어요.

"시계 팔이 둘 다 위로 가면 12시, 점심시간이야. 시계 팔이 아래위로 서서 '차렷' 하면 6시, 아빠가 퇴근하는 시간이야. 그리고 시계 팔이 하나는 위로 가고 하나는 9자를 가리키며 체조를 하면 9시, 모두가 자는 시간이지. 그때 자장가가 나온단다."

벌써 9시가 되었어요. 내 시계에서 '띠리리 띠리리' 자장가가 나오고 있어요.

"모두 잘 시간입니다. 세수하러 갑시다."

엄마가 텔레비전을 끄면서 말씀하셨어요. 저런, 기범이는 벌써 쿨쿨 잠들었어요. 나는 엄마 아빠와 함께 화장실에 가서 쉬를 하고 양치질을 하고 세수를 합니다. 그리고 잠옷을 입었어요.

아빠는 하품하시고는 "아아, 졸려. 은이야 잘 자라. 아빠는 가서 잔다" 하며 내게 뽀뽀를 하고 큰방으로 가셨어요. 엄마는 내 방에 와서, '곰 사냥' 이야기를 해주셨어요. 그리고 "은이야, 잘 자라, 사랑해" 하시고는 음악을 조그맣게 틀고 작은 불을 켜 놓고 나가셨어요. 나는 내가 좋아하는 '쪼로롱' 노래가 나오기를 기다리며, 천장에 그려진 동그란 꽃무늬를 봅니다. 그것을 보면 왜 오토바이가 생각나는지 모르겠어요. 그 오토바이 바퀴가 두 개로 보일 때쯤 나는 스르르 잠이 들었습니다.

💬 이렇게 교감해요

아이가 잠자리에 들 때는 더욱 다정하게 대해주세요.

이 무렵의 아이들은 일찍 자기 싫어하며 막상 잠자리에서 들면 잠을 이루지 못하기도 합니다. 아이에게 시계 보는 법을 가르쳐주고 정해진 시간에 자는 버릇을 들여 주세요. 운동 부족, 늦은 오후의 낮잠, 잠자기 직전의 흥분된 놀이, 지나친 피로감 등은 수면의 방해가 되므로 피하세요.

생후 6개월 이전에 혼자 자는 습관을 들이지 못했을 때는, 반항기가 지난 뒤에 혼자 재우기를 시도하세요. 이때 잠자기 전에 방을 치우고, 용변을 보고, 씻고, 엄마 아빠에게 인사하는 것을 하나의 의식으로 만들어주세요. 그리고 아이가 불안해하면 작은 등을 켜주고 좋아하는 인형과 함께 자게 하거나, 아이와 조금 떨어진 곳에 앉아 다른 일을 하면서 아이가 안심할 수 있게 해주세요.

아이가 잠자리에 들 때는 평소보다 더 다정하게 대해주세요. 낮에 있었던 여러 가지 일들은 아이의 무의식에 쌓여 꿈을 구성하는 요소가 되는데, 잠들 때 엄마의 다정한 모습은 아이의 긴장을 풀어주고 마음속의 나쁜 감정을 제거하여 깊은 잠을 잘 수 있게 해줍니다. 이

것은 아이의 정신건강에 큰 도움이 되고, 아이가 과거에 얽매이지 않는, 미래지향적인 밝은 사람으로 자라게 해줍니다. 또 잠들 때까지의 짧은 시간 동안 듣는 엄마의 이야기나 음악 소리는 다른 것보다 깊이 기억되어 아이의 일생에 큰 영향을 준다는 것을 명심하세요.

> 교감육아 Guide ②
> **아이의 버릇을 들이는 방법**

1. **아이의 마음 건강을 생각하며 버릇을 들이세요.**
- 버릇을 들일 때 몸 건강만 중시하고 마음 건강을 생각하지 않으면, 결국 몸의 발달도 망칩니다.
- 좋은 버릇이란 시대나 사회에 따라 다르므로 '좋은 버릇'에 대한 고정관념을 버리세요.

2. **칭찬하고 격려해서 좋은 버릇을 들일 수 있도록 해주세요.**
- 건성이 아닌 진심으로, 상투적인 말이 아니라 참신한 표현으로 칭찬하세요.
  : "청소 잘했네." → "야, 청소의 전문가네!"(○)
- 추상적으로 말하지 말고 구체적인 사안에 대해 칭찬하세요.
  : "그림 잘 그렸네." → "새를 참 많이 그렸네!"(○)
- 작은 발전이라도 칭찬하며 결과보다는 노력을 인정해주세요.
- 엄마 아빠를 도왔다면 정중하게 고마움을 표현하세요.
  : "착하다." → "도와줘서 고마워."(○)
- 부모를 즐겁게 했기 때문이라기보다는 "너는 무엇과도 바꿀 수 없는 소중하고 특별한 아이다"라는 관점으로 칭찬하세요.
- 다른 사람과 비교해서 칭찬하지 마세요. 또 외면적인 것만 칭찬

하지 마세요.

: "너는 욱이보다 글자를 잘 읽으니까 더 똑똑한 아이야."(×)

3. 꾸중하기 전에 어떻게 하는 것이 좋은지 대안이나 본보기를 제시하세요.

• 아이에게 하지 말라고 꾸중만 하면, 겉으로는 엄마 아빠의 말을 따르지만 속으로는 반항합니다. 대안이나 본보기를 보여서 아이 스스로 좋은 버릇을 들일 마음을 갖게 해주세요.

: "장난감으로 동생을 때리면 못쓴다."(×) ➔ "장난감은 가지고 노는 거지 때리는 데 쓰는 건 아니야."(○)

• 불이나 칼과 같이 위험한 것에 겁이 없다면, 안전한 상태에서 그것을 관찰하게 해서 위험하다는 것을 체험하여 깨닫게 하세요.

• 욕설을 하거나 떼를 쓰면 모른 체하여 아이 쪽에서 제풀에 지쳐 그만두게 하고, 그 행동을 그치면 다정하게 대해주세요. 그리고 똑같은 경우에 바람직한 행동을 하면 많이 칭찬해주세요.

4. 꾸중하거나 벌을 줄 때는 이유를 확실히 이해시키세요.

• 꾸중할 때는 아이의 인격을 비난하지 말고 잘못된 행동만 구체적으로 지적해주세요.

• 잘못했을 당시에 즉시 따끔하게 꾸짖으세요. 그리고 아이에게 시간을 주고 고칠 기회를 주세요.

• 가능한 한 단둘이 있는 데서 꾸짖으세요.

• 같은 잘못을 기분에 따라 다르게 대하지 말고 일관성 있게 꾸짖

으세요.
- 하찮은 실수는 넘어가세요.
- "한 번만 더 그러면 맞는다"며 위협하지 마세요. 눈앞의 일밖에 생각할 줄 모르는 아이에게는 미래의 일을 근거로 하는 위협은 효과가 없고 심리적으로 나쁜 결과만 가져옵니다.
- 약속이나 맹세를 억지로 받아내지 마세요. 약속을 어기는 게 습관이 되면 오히려 더 비뚤어지게 됩니다.
- 남과 비교하지 말고, 무시하는 말투를 사용하지 마세요.
- 아이가 잘못했다고 해서 기대하고 있던 선물이나 계획을 취소하지 마세요.
- 꾸중은 간단하게 하세요. 긴 잔소리는 엄마 아빠의 말을 무시하고 불신하는 버릇만 길러줄 뿐입니다.
- 아이의 나이로는 불가능한 일을 강요하지 마세요.
- 꾸중하면서 아이에게 자신의 잘못된 행동으로 엄마 아빠가 마음 아파한다는 것을 보여주고, 자기를 특별히 사랑하고 있다는 것을 느끼게 해주세요.

2장
교감이 유전자를 바꾼다

교감의 핵심,
반응과 대화

 어린 지구인은 자신도 이 세상의 당당한 일원이란 것을 확인하자마자, 세상을 탐험하기 시작합니다. 아직 누워만 있는 아기도 뭔가 소리가 들리거나 이상한 것이 어른거리면 그쪽으로 고개를 돌리지요. 그리고 가만히 누워서 천장의 무늬만 바라보는 게 싫다고 일으켜 달라고 조르기 시작합니다. 기기 시작하면 주위에 있는 물건은 무엇이든 주위 입에 넣거나 오물거려 봅니다.

 걷기 시작하면서부터는 밖으로 나가자고 떼를 쓰고, 말을 하면서부터는 여러 가지 질문을 하기 시작합니다. 어른들이 보면 무의미한 놀이를 종일 되풀이하다가 갑자기 나무 막대기를 하나 찾아들고 밖으로 나가는 이 어린 지구인의 모습은 돌도끼를 들고 불을 찾아 모험을 떠나는 원시인과도 비슷합니다. 이렇게 아이는 늘 주위 사물에 관심을 가지며 세상에 대해 알고 싶어 합니다.

엄마는 바로 이러한 탐험에서 가장 중요한 안내자입니다. 그러면 어떻게 안내하는 게 좋을까요? 여기에 대해 여러 가지 의견이 있습니다. 어떤 사람은, 아이는 어른의 축소판이므로 어른들과 똑같은 방법으로 어른이 되는 기술을 가르치면 된다고 생각합니다. 그것도 경쟁에서 이길 수 있도록 남보다 먼저 가르쳐야 한다고 말합니다. 소위 조기교육의 열풍도 이러한 관점에서 생겨난 것입니다. 그러나 이러한 관점은 아이의 성장 과정에서 나타나는 부작용 때문에 잘못된 것으로 밝혀졌습니다.

어떤 사람은 아이는 어른과 다르며 발달의 순서가 있기 때문에 발달 단계에 맞는 환경을 제공하는 것이 중요하다고 합니다. 그래서 여러 가지 놀이 기구도 마련해주고 나들이도 다니면서, 여러 가지 새로운 경험을 할 기회를 만들어주는 데 많은 신경을 씁니다. 이것도 꼭 필요하긴 하지만 이것만으로는 부족합니다.

이런 경험을 하는 과정에서 아이에게는 발달 단계에 맞는 지적인 자극, 즉 어른과의 상호작용이 필요합니다. 이 상호작용은 어떻게 이루어지는 것일까요? 바로 엄마와의 교감, 즉 감정적 교류에 의한 엄마와 아이 서로 간의 반응과 대화를 통해 이루어집니다.

이 장에서는 이러한 주제에 대해 자세히 살펴보겠습니다.

경험에 비례하는
IQ EQ

● 빨간 색연필

아이들이 장난감 쌓기 놀이를 하는 그림이 있어요. 구석에는 곰돌이가 앉아 있고, 벽에는 무지개가 그려져 있어요. 나는 엄마에게 그림 카드를 들고 가 무지개를 가리키며 여쭤봤어요.

"엄마 이건 뭐예요?"

"무지개야."

엄마는, 대답을 듣고도 눈을 깜박거리며 계속 서 있는 나를 보시더니, "응, 은이는 무지개를 본 적이 없지? 무지개란 비가 오고 난 뒤에 하늘에 남아 있는 물방울에 햇빛이 비쳐서 생기는 거란다." 하고 이야기해주셨어요. 내 질문에 신이 난 엄마는 이제 나에게 묻기 시작하셨어요.

"그림 속의 아이들이 장난감으로 쌓기 놀이를 하고 있네. 이 아이들은 누구야?"

"은이하고 송이하고 욱이요."

"누가 많이 쌓았니?"

"은이가요."

"구석에 있는 이건 뭐니?"

엄마는 그림 카드 구석에 있는 글자를 손으로 가리키며 질문하셨어요.

"글자예요."

"무슨 글자?"

"…."

내가 대답을 못 하자 엄마는 조금은 실망하신 눈치예요. 엄마는, "자, 이 글자를 다시 한 번 더 읽어 줄게, 잘 들어봐" 하셨어요. 나는 그 말을 못 들은 척하고 색연필을 가져왔어요.

"무지개 그림에 색칠해야지."

나는 색연필로 무지개 그림에 색칠합니다. 색칠하다보니 색연필이 닳아서 뭉뚝해졌어요.

"색연필 껍질을 더 벗겨야 하겠네. 한꺼번에 너무 많이 벗기면 안 돼. 엄마가 벗겨줄게."

"아니, 내가 벗길 거예요."

나는 색연필에 달린 실을 주르륵 잡아당기고 색연필을 둘러싸고 있는 종이를 손톱으로 벗기기 시작했어요. 엄마는 걱정스러운 눈길로 그런 나를 쳐다보고 계세요.

그런데 종이가 계속 줄줄 벗겨져서, 빨간 색연필 심이 기다란 막대기처럼 튀어나왔어요. 나는 재미나서, 계속 실이랑 종이를 잡아당겼어요. 결국, 나는 색연필을 다 벗겨버렸답니다.

🗨 이렇게 교감해요
점수와 같은 고정된 평가 기준에 집착하지 마세요.

엄마들은 대개 공부란 책을 들고 하는 것으로 생각합니다. 즉, 읽고 쓰고, 셈을 하거나, 외우는 것이 공부라는 생각을 많이 갖고 있지요. 시중에 판매되고 있는 유아용 학습지나 그림책으로 공부할 때도, 아이가 엄마의 지시에 따라 정해진 모양으로 자르고 점선을 잇거나 선 안에 색칠하면서, 주어진 모델과 똑같이 만드는 걸 잘하는 거로 생각하지요.

그러나 어린아이들의 공부는 책이나 말이 주가 아닙니다. 무엇보다도 아이들은 놀면서 배운답니다. 즉, 일상생활 속에서 신 나게 놀면서 놀이거리를 자발적으로 선택하고 만져보는 경험을 통해 아이는 생각의 폭이 넓어지고 해석력과 표현력이 발달합니다.

그러므로 아이들의 배움의 영역은 정말 다양합니다. 그림을 그릴 때도, 아이들은 그림 자체보다 크레파스나 색연필, 가위 같은 재료나 도구에 관심을 두는 경우가 많지요. 이렇게 재료나 도구의 성질을 탐구하는 것도 중요한 공부랍니다. 그리고 이런 것들에는, 지금 당장 어떤 것을 잘 한다 못 한다고 단정을 짓거나 점수로 환산할 수 있는 평가 기준이 있는 건 아닙니다.

이제 공부에 대한 편견을 버리고, 고정된 평가 기준에 너무 집착하지 마세요.

유전은 못 바꿔도
환경은 바꾼다

● 그림 가계부

우리 집에는 가계부가 두 개 있어요. 하나는 엄마가 매일 쓰는 검은색 가계부, 하나는 내가 쓰는 작은 스케치북으로 된 그림 가계부예요. 나처럼 어린아이가 가계부를 어떻게 쓰냐고요? 그럼 지금부터 제 이야기를 잘 들어보세요.

내가 쓰는 스케치북 가계부는 오리 그림이 그려진 상자에 담아두는데, 상자 안에는 크레파스랑 풀, 가위가 함께 들어 있어요. 그리고 아기들이 보는 학습지 같은 데서 떼어서 모아둔 스티커도 있고요. 과자 봉지나 헌 잡지에서 오려낸 그림들도 있어요.

엄마는 시장에 가기 전에 늘 "은이야, 가계부 상자 가져 오너라" 하고 말씀하세요. 그러면 나는 가계부 상자를 들고 가 엄마랑 나란히 앉아요. 엄마와 함께 가계부를 펼치고 맨 위에는 날짜를 쓰고, "오늘은 시장에 가서 무엇을 살까?" 하고 계획을 세우지요.

먼저 엄마가 "시금치 한 단" 하면서 시금치를 그리셨어요. 그다음 엄마가 "달걀 한 판" 하셔서 내가 달걀을 그렸어요. 그다음 두부, 무, 양파 등 엄마가 부르시는 대로 차례로 그리지요. 그 그림들은 엄마랑 나만 알아볼 수 있지요. 나는 그림 카드나 학습지에 있는 그림들은 잘 알아보지 못할 때도 있지만, 내가 그린 그림은 금방 알아볼 수 있답니다.

쇠고기와 사과는 스티커 그림이 있군요. 상자에서 그것을 찾아서 붙여야겠어요.

"엄마, 우유랑 주스도 사야지요."

"참, 우유가 다 떨어졌지."

엄마는 헌 잡지에서 오려낸 우유랑 주스 그림을 찾아 하나씩 붙였어요.

"엄마, 내가 먹을 과자도요."

엄마가 "그래" 하시기에, 나는 얼른 상자에서 과자 봉지에서 오려낸 그림을 찾아 가계부에 붙였지요.

이제 오늘 장 볼 것은 다 그려 넣었군요. 다 그린 종이는 꼭꼭 접어서 내 가방에 넣어두었어요. 조금 있다가 시장에 갈 때 들고 갈 거예요. 오늘은 엄마가 물건을 사실 때 잘 지켜봐야겠어요. 저번처럼 잊어버리고 사지 않은 물건이 없도록 말이에요.

💬 **이렇게 교감해요**

아이의 일상생활을 놀이로 만들어 가르치세요.

아이들은 추상적으로 가르치기보다 구체적이고 감각적인 소재로 가르치면 더 쉽게 배웁니다. 물건의 이름과 특징을 익힐 때도 단순히 그림만 보고 배우는 것보다 실물을 보고 만지며 배우면 잊어버리지 않지요. 그래서 아이들의 학습은 생활과 밀접할수록 좋습니다. 생활 속에서 직접 경험한 것은 잘 잊어버리지 않고, 자기가 배운 것이 생활 속에서 어떻게 쓰이는지 알 수 있으니 그만큼 응용력도 길러지지요. 또 이렇게 하면 아이 스스로 공부에 재미를 느껴 자신이 배울 것을 찾아다니게 됩니다.

이런 관점에서 보면 일상생활의 모든 순간은 교육의 과정이 될 수 있습니다. 엄마가 조금만 신경을 쓰면, 식사와 옷 입기, 외출과 방문, 배변과 목욕, 심지어는 잠자리에 드는 것까지, 엄마의 가사 일과와 병행되는 아이의 모든 일상생활을 놀이로 이루어지는 교육과정으로 만들 수 있습니다.

이제 연습장이나 일일공부 학습지와 같이 추상적이고 표준화된 자료에만 의존하던 교육 방식은 버리세요. 그리고 아이와 함께 생활하고 놀고 공부하며 엄마 자신도 그것을 즐겨보세요.

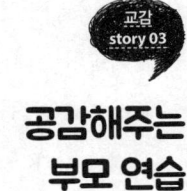

공감해주는
부모 연습

● 종이비행기와 찰흙 인형

"빨강 빨강 종이론 무얼 접을까
파랑 파랑 종이론 무얼 접을까…."

종이접기 놀이를 할까요? 여러 가지 색종이를 꺼내 비행기도 접고 새도 접어요.
"은이야, 뭐 하니?"
"색종이를 접어서 비행기 만들어요."
"어디 한번 보자. 비행기는 그렇게 접는 게 아니란다. 엄마가 예쁘게 접어줄게."
엄마는 파란 색종이를 이렇게 저렇게 접어 비행기를 만드셨어요.

나는 엄마 옆에 앉아서 엄마가 비행기 접는 것을 구경해요. 엄마는 빨간 색종이로 배도 접어주셨어요. 엄마가 신이 나서 배를 접으실 동안 나는 옆에 앉아서 구경합니다.

구경만 하다 보니 종이접기 놀이가 싫증이 났어요. 그럼 무얼 하고 놀까요? 엄마는 얼른 내 눈치를 살피더니 말씀하셨어요.

"은이야, 우리 찰흙 놀이를 할까?"

"예, 좋아요."

나는 얼른 상자 안에 있는 찰흙을 꺼냈어요. 이 물렁물렁한 찰흙으로 무엇을 만들까? 하마를 만들까? 호랑이를 만들까? 나는 찰흙을 꺼내어 신 나게 반죽했어요.

"은이야, 엄마가 찰흙으로 인형을 만드는 방법을 가르쳐줄게. 잘 봐."

엄마는 찰흙을 한 조각 떼어 손바닥으로 동글동글 굴려서 인형의 얼굴을 만드셨어요. 또 찰흙을 조금씩 떼어 눈도 만들고 코도 만들어 얼굴에다 붙이셨어요.

"자, 은이 너도 한 번 만들어보렴."

나는 엄마가 시키는 대로 찰흙을 한 조각 떼어 손바닥으로 동글동글 공처럼 굴려 인형의 얼굴을 만들었습니다. 그리고 찰흙을 조금씩 떼어 눈도 만들고 코도 만들어 얼굴에다 붙였어요.

그런데 다 만들고 보니 내가 만든 인형의 얼굴은 엄마가 만든 인형의 얼굴과 다르네요.

"은이야, 눈과 코를 만들 땐 찰흙을 아주 조금씩 떼야 한단다. 그리고 눈은 나란히 붙여야지, 그지?"

나는 내가 만든 찰흙 인형이 미워요. 하지만 난 엄마처럼 인형을 예쁘게 만들 수는 없어요. 엄마는 어른이고, 나는 어린이니까요.

왠지 가슴이 답답하고 눈물이 나요.

● 이렇게 교감해요
놀이의 모든 과정을 아이가 주도하게 하세요.

아이와 함께 놀 때, 직접 나서서 아이가 할 일을 대신해준 적은 없습니까? 아이가 무엇을 하려면 반드시 엄마 허락을 받아야 하고, 다 하고 난 뒤에 엄마의 검사를 기다려야 하지는 않나요? 그래서 아이는 그저 조용히 앉아서 지시를 기다리며 엄마가 하는 걸 바라보며 시간을 보내고, 재미가 있건 없건 엄마가 시키는 것이기 때문에 어쩔 수 없이 반복하고 있지는 않나요?

기억하세요. 아이는 인격을 가진 능동적인 존재입니다. 아이가 어른이 보기에는 쓸모없고 유치한 놀이를 종일 하고 있더라도, 놀 때는 아이가 주인공입니다. 그러므로 아이가 놀 때는 무엇을 가지고 어떻게 놀아야 할지 아이가 선택하고 주도하게 해주세요. 아이들은 자신이 선택한 활동에는 재미를 느끼며 깊이 몰두하는데, 그러다 보면 자신감도 생기고 배우는 게 즐거워 학습효과도 높아집니다.

물론 엄마가 시범을 보여야 할 때도 있는데, 그럴 때는 조심스럽게 아이의 사기를 죽이지 않는 방법으로 하세요. 사기가 죽으면 아이는 마음속에 열등감을 키우며 배우는 것에 염증을 느낄 수도 있습니다.

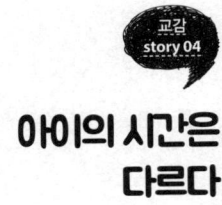

아이의 시간은 다르다

● 새로 산 그림책

엄마와 서점에 갔어요. 서점에는 재미있는 그림책도 많고 예쁜 스티커들도 있어요.

"엄마, 이 그림책 사주세요."

내가 고른 것은 표지에 창문이 있고 창문을 열면 오톨도톨한 난쟁이 인형이 튀어나오는 그림책이에요. 그 난쟁이 인형은 손가락으로 누르면 빽빽 소리를 내지요. 엄마는 엄마 오리 아기 오리가 있는 숫자공부 그림책을 사주고 싶어 하셨지만, 곧 마음을 바꿔 내가 고른 그림책을 사기로 했어요.

집으로 돌아왔어요. 엄마는 내게 새로 산 그림책을 읽어주고 싶어 하시는데, 나는 그림책에 있는 난쟁이 인형에만 정신이 팔렸어요.

"옛날옛적에…."

엄마는 그림책을 손에 들고 내가 듣든 말든 소리를 내 읽기 시작하셨어요. 나는 얼른 엄마 손에서 그림책을 뺏어 난쟁이 인형을 빽빽 눌렀어요. 한참 하다 보니 그것도 싫증이 나서 나는 그림책을 내팽개치고 자동차 놀이를 하기 시작했지요. "빵빵, 비키세요."

내가 새로 산 그림책을 금방 내팽개치자 화가 나셨는지 아무 말씀도 안 하시고, 흩어져 있는 장난감들을 주섬주섬 상자에 주워 담으며 청소하기 시작하셨어요. 곁눈질로 가만히 엄마를 보니, 내 소꿉살림을 파란 상자에 담기 시작하시네요.

"엄마 그건 거기에 담는 것 아니야."

"알았다."

엄마가 이번엔 구슬을 통에 담고 계시는군요. 그걸 보니 갑자기 구슬 놀이가 하고 싶어져서 나는 "엄마, 구슬 목걸이 만들어주세요." 하면서 엄마를 졸랐습니다.

🗨 이렇게 교감해요

새로운 자극을 제시하는 타이밍이 중요합니다.

아이들은 변덕이 심합니다. 금방 가지고 놀던 것도 곧 싫증을 내고 다른 걸 가지고 놀다가, 또 그걸 내팽개치고 새로운 것에 관심을 두곤 합니다. 이것이 정상입니다.

아이들의 시간 감각은 어른들의 그것과는 다릅니다. 아이들이 한 가지에 집중할 수 있는 시간은 극히 짧습니다. 반면, 새로운 것 한 가지를 받아들이는 데는 시간이 걸리지요. 그래서 한꺼번에 많은 걸 받아들여 기억할 순 없습니다. 그것은 아이들의 능력이 부족해서라기보다는 이 세상이 아이들에겐 아직 낯설고 익숙하지 않기 때문이지요.

그러므로 아무리 재미있는 놀이도 5분 이상은 하지 않는 게 좋습니다. 장난감도 한꺼번에 많이 사주는 건 좋지 않고, 한 번에 한 가지 이상 가르치려고도 하지 마세요. 또 아이가 어떤 놀이에 몰두하고 있는데 성급하게 다른 것을 주지 마세요. 그러면 아이는 산만해지고, 거기에 적응하려다 수동적인 사람이 되기 쉽습니다. 그렇다고 아이를 너무 내버려두진 마세요. 엄마가 지나치게 자극을 주지 않으면, 아이는 감각 계발도 늦어지고 세상에 대해 방관자의 심리를 키워갑니다.

그러므로 늘 아이의 심리상태를 이해하고 아이의 욕구에 관심을 기울이세요. 그리고 새로운 것을 가르칠 때는 성급하게 강요하지 말고 적절한 시기를 기다리세요. 아이와 엄마의 마음이 맞아떨어지는 타이밍이 중요하니까요.

전두엽은 새로운 과제 수행에 관심이 많다

● 개미

담 밑으로 개미가 줄지어 가고 있어요.

"개미가 소풍을 가나?"

나는 개미를 따라가 보았어요. 앗! 먹다 버린 비스킷 주위에 개미들이 새까맣게 몰려 있어요.

"엄마, 여기 좀 보세요! 개미가 새까맣게 모여 있어요. 지금 무얼 하는 걸까요?"

"확대경을 가지고 가서 자세히 한번 보렴."

나는 확대경을 들고 와서 개미를 들여다보았어요. 어머나, 개미들이 비스킷 부스러기들을 나르고 있어요! 제 몸보다 훨씬 큰 부스러기를 입에 물고 낑낑거리며 가는 큰 개미도 있고, 눈곱만한 부스러기를 입에 물고 빨빨 기어가는 조그만 개미도 있어요.

"엄마, 개미가 비스킷을 가져가요!"

"오라, 개미가 먹이를 나르고 있는 모양이구나. 개미가 먹이를 물고 어디로 가는지 따라가 보렴."

비스킷을 물고 가는 개미들을 따라가 볼까요? 개미는 아까 왔던 길로 되돌아가고 있어요. 그러니까 소풍을 나온 게 아니라 비스킷을 가져가려고 나왔나 봐요. 먹이를 입에 문 개미들이 모두 꽃밭 옆의 돌멩이 밑으로 들어가는군요. 돌멩이를 들어보니 그 밑에 구멍이 나 있어요.

"엄마, 여기 꽃밭 옆에 구멍이 있어요. 개미들이 이리로 들어가고 나오고 해요."

"그 안에 개미집이 있나 보다."

"개미집은 어떻게 생겼어요?"

엄마는 어린이백과사전을 들고 나오셔서 개미집의 그림을 보여주셨어요.

"자, 이걸 봐라. 개미집은 이렇게 땅속에 있단다. 굴을 파서 방을 만들고 길도 만들어놓았지?"

"엄마 개미는 어디 있나요?"

"어디 있는 것 같니?"

"여기요. 여기 맨 아래 넓은 방에 제일 큰 개미가 있어요."

"맞았어요. 엄마 개미는 여왕개미라 부른단다. 자, 이쪽에 있는 개미들은 어떤 일을 하는 것 같니?"

"밖에서 비스킷을 물고 와서 아기 개미가 먹을 수 있게 죽을 끓여요. 엄마, 그런데 아기 개미는 어디에 있어요?"

"응, 아기 개미는 아직 알 속에 있거든. 여기 알이 있는 방이 보이지?"

"네, 그런데 이 옆방에 있는 것도 개미예요? 아까 마당에서 본 개미들과 달라요."

"응, 그건 진딧물이야. 진딧물과 개미는 서로 도와주며 사는 친한 친구란다."

"엄마, 개미는 비스킷만 먹나요?"

"다른 것은 뭘 먹는지, 네가 직접 줘보렴."

개미에게 무엇을 줄까? 나는 알사탕 한 개와 귤 한 조각을 들고 왔어요.

🗨 이렇게 교감해요

호기심을 키워주려면 아이의 질문에 꼭 대답해주세요.

아이들은 귀찮을 정도로 질문을 많이 합니다. 조사에 의하면, 세 살짜리 아이는 하루 3백 회 정도, 네 살짜리 아이는 하루 4백 회 정도의 질문을 한다고 합니다. 이런 질문을 통해 아이는 생각하는 연습을 시작하고 사물에 대한 호기심과 관찰력을 키워갑니다.

아이들의 호기심은 지능 발달과 학업 성취에 아주 중요한데, 호기심은 어릴 때부터 엄마 아빠가 자극하고 격려해주면 더 커집니다. 이러한 자극과 격려가 얼마나 잘 되느냐는 아이의 질문에 부모가 얼마나 친절하고 성실하게 대답해주느냐에 달려 있습니다. 아이가 다 자란 다음에 호기심도 없는데 가르치려면 얼마나 힘들겠습니까. 더구나 어릴 때 사물을 관찰하는 습관을 들여놓지 않으면 자라서 무엇이든 책의 지식에만 의지하려 하게 되고 실질적인 지식에는 등한해질 수도 있습니다. 그러므로 아이의 질문에는 항상 친절하고 성실하게 대답해주세요.

아이의 교감과
어른의 교감

● 나의 싱크대

오늘 저녁, 엄마는 내가 좋아하는 쇠고깃국을 끓이신대요. 엄마는 냉장고에서 쇠고기와 숙주나물을 꺼내고 무와 양파와 파를 차례로 다듬기 시작하셨어요. 나는 거실에서 구슬 꿰기 놀이를 하다가 심심해져서 엄마에게 갔어요. 그리고 엄마 다리를 꼭 붙들고 졸랐지요.

"엄마, 놀이터에 가자."

"은이야, 조금 있다 아빠 오시면 저녁 먹고, 놀이터엔 내일 가자. 응? 자, 무 한 조각 줄게. 저기 가서 아기 인형이랑 나눠 먹으렴."

엄마는 무를 썰다 말고 한 조각을 나에게 주셨어요.

무를 들고 가서 아기 인형이랑 나눠 먹고 나니 또 심심해졌어요. 그래서 부엌에 가서 엄마 다리에 매달리려다가 뚜껑이 없는 자루 달린 냄비 하나를 보았어요.

'저 냄비의 뚜껑을 찾아서 닫아야지. 싱크대 안에 있을 거야.'

싱크대 문을 열어보니 냄비 뚜껑은 보이지 않고 새까만 간장이 담긴 병이 있네요.

'간장병 뚜껑을 열어봐야지.'

간장병을 집으려니 어느새 엄마가 옆에 와서 "은이야, 간장 이리 줄래?" 하며 가져가셨어요. 나는 그 옆의 싱크대의 문도 열어보았어요. 거기에는 포도 그림이 그려져 있는 접시랑 도자기로 된 푸른 주전자가 있군요.

'야, 저 주전자는 어쩌면 저렇게 생겼을까? 뚜껑을 열면 무엇이 들어 있을까?'

주전자를 집으려고 손을 뻗는 순간 엄마가 달려와 말씀하셨어요.

"은이야, 이 그릇들은 잘못 만지다가 깨지면 은이가 다치거든. 자, 그건 닫아놓고 저기 냉장고 옆에 있는 싱크대 문을 한번 열어 볼래?"

나는 큰 잘못을 저지른 것 같아 엄마 눈치를 보다가 의아해하며 냉장고 옆으로 갔어요.

짠! 그 싱크대의 문을 여니 여러 가지 색깔의 뚜껑이 덮인 크고 작은 반찬 통들이 가득 들어 있네요. 모두 내가 만져도 다치지 않는 플라스틱으로 만들어졌대요. 게다가 그 옆에는 예전에 나와 친했던 우유병들이 나란히 놓여 있어요. 나는 신이 나서, 반찬 통을 몽땅 꺼내어 뚜껑 맞추기 놀이를 했어요.

이튿날, 엄마는 그 싱크대의 문에다 '은이의 싱크대'라는 쪽지를 써 붙여주셨어요.

● **이렇게 교감해요**

엄마의 일터 옆에 아이의 놀이터를 만들어주세요.

아이는 늘 엄마 곁에 있고 싶어 하며 엄마의 일과에 끼어들기 원합니다. 엄마 역시 늘 아이를 지켜보고 싶지만 그게 쉽지 않지요.

엄마의 일터 바로 옆에 아이의 놀이터를 만들어주고, 아이를 엄마의 일터의 한 성원으로 대해주세요. 그러면 아이는 무척 기뻐합니다. 엄마를 보면서 노는 것은 아이에게 안정감을 줍니다. 또 엄마와 수시로 대화를 나눌 수 있고, 엄마도 아이의 질문에 대답해줄 수 있으므로 아이의 지적 발달에 도움이 되고, 그러는 가운데 엄마와 아이의 애정도 더욱 깊어집니다.

아이가 엄마가 일하는 데 방해가 된다고요? 아이에게 물질적인 것을 챙겨주고 육체적 욕구를 채워주는 것이 부모의 책임 전부라고 잘못 생각하고 계신 건 아닙니까?

● 교감육아 Guide ③
나이와 발달 단계에 맞는 놀이(1~3세)

신체(대근육), 감각 기능과 언어 발달에 중점을 두고 지도하세요.

1. 1세

1) 발달 특징

- 혼자 걷는다. 손을 뻗어 물건을 붙잡고 책 한 페이지를 한 번에 넘긴다. 종이를 구기고 찢는다. 벽돌을 쌓고 허문다. 물체를 끌고 오기 위해 막대기를 사용한다.
- 뒤집힌 그림을 바로 세운다. 소리를 구별한다. 숨겨진 장난감을 찾는다. 몸의 움직임, 소리, 낱말을 모방한다. 자신이 움직일 때 나는 소리를 좋아한다.
- 간단한 집안일을 모방한다. 쫓고 숨는 게임을 즐긴다. 부모를 근거지 삼아 다른 아이 곁에서 놀지만, 상호작용은 없다. 거울 속의 자기를 인식한다. 쉽게 즐거워한다.

2) 적당한 놀이와 장난감

- 말이나 붕붕카 타기·걷기·숨바꼭질·음악에 맞춰 몸짓하기·신문 찢기 놀이·소리 나는 신발 신기·공놀이·찰흙 놀이·구슬 꿰기·두세 종류의 단순한 정육면체 블록 쌓기·뚜껑 등을 모양 맞춰 끼우기·간단한 조각 그림 맞추기·물놀이·분류 놀이·큰

그릇에 작은 물건 집어넣기·앨범 보며 가족사진 연결하기·인형으로 간단한 극 놀이·작은 자동차나 비행기 놀이.
* 크고 굵은 크레파스·그림책·너무 크거나 작은 장난감은 아이에게 좌절감을 줄 수도 있다. 입에 넣거나 물어뜯어도 위험하지 않은 것, 갖고 다니기 편한 것, 잘 부서지지 않는 장난감이 좋다.

2. 2세

1) 발달 특징
* 걷고 달리고 계단을 오르내릴 수 있다. 조각이 큰 퍼즐을 맞추고 구슬을 꿸 수 있으며, 점토 만들기를 할 수 있다. 그러나 소근육 활동은 아직 미숙하며 대근육 활동을 더 좋아한다.
* 시각, 청각, 미각, 촉각 등 감각 활동을 통해 주변 세계를 탐색하는 것을 즐긴다.
* 어른들과 다른 아이에게 애정을 주고 싶어 하며 어른을 기쁘게 하려 한다. 그러나 친구와 장난감을 함께 가지고 노는 능력은 부족하다. 불을 켰다 끄기, 대소변 가리기 등 자신의 신체를 조절하여 이루어진 결과에 자부심을 느낀다. 독립심과 자율성의 욕구가 커져, 고집이 세어지고 무엇을 거부하는 등 부정적 태도를 보인다. 언어를 효과적으로 사용한다.

2) 적당한 놀이와 장난감
* 1세 놀이 외에도 기어오르기·터널 통과하기·모래 놀이·손가락 그림 그리기. 1세 장난감 외에도 공·당기고 미는 장난감.

3. 3세

1) 발달 특징

- 몸을 움직이기 전에 머리로 생각하여 문제를 해결한다. 점토를 둥글게 짓부수고 누른다. 쉽게 달리고 점프한다.
- 기초적 지능을 사용한다. 두 가지 수를 반복하고 형태를 짝짓는다. 몇 개의 범주를 늘어놓는다. 3~10분 길이의 이야기를 집중하여 듣는다.
- 반항적 태도가 없어진다. 상상하며 비현실적인 두려움을 느낀다. 노래하며 둥글게 돌기처럼 단순한 집단게임을 즐긴다. 밖에 나가서 많이 논다. 혼자 노는 것과 또래와 노는 것을 병행하며, 어른으로부터 독립성을 보인다. 고집이 세고 반항적이지만 두 살 때보다 또래에 잘 적응한다. 어른의 도움으로 또래와 장난감을 공유한다. 또래와 의사소통을 하기 위해 말을 배우려 한다.

2) 적당한 놀이와 장난감

- 볼링 놀이·고리 걸기·채소 자르기·비누 거품 놀이·3~5조각 그림 맞추기·숫자 세기·간단한 이야기 말하고 듣기·물건이나 그림을 보고 이야기하며 느낌을 말로 표현하기·혼자 옷 입고 단추 끼우기·가게 놀이·병원 놀이 등 간단한 역할 놀이.
- 미끄럼·그네·시소·점토·다양한 크기의 블록·다양한 종류의 자동차·역할 놀이를 위한 소품·목욕을 시키거나 옷 입힐 수 있는 탄력 있는 인형·리듬악기·미술 재료.

공감력을
확장하는 방법

● 나무토막 자동차

 엄마와 슈퍼에 왔어요. 엄마는 지금 슈퍼 안의 고기 가게에서 고기를 사고 계세요. 고기 가게 옆에는 장난감 가게가 있어요. 장난감 가게의 선반에는 인형과 꽃 머리띠, 구슬로 된 머리방울 같은 것이 주렁주렁 매달려 있고, 진열장 안에는 여러 가지 동물들과 자동차도 있어요.

 나는 진열장 안에 있는 파란 자동차를 집으려고 손을 내밀었어요. 그것은 반짝반짝 빛나는 쇠붙이로 만들어져 있고, 진짜 유리창이랑 문도 있어요. 하지만 진열장은 유리로 막혀 있어서 나는 자동차를 집을 수 없었어요. 유리 위에는 내 손자국만 하얗고 얼룩덜룩하게 남았지요.

"엄마, 저 자동차 사주세요."

"엄마가 지금 고기 살 돈밖에 안 가지고 나왔거든. 다음에 사줄게."

엄마는 얼른 내 손을 잡고 밖으로 나오셨어요. 슈퍼에 올 때마다 엄마는 왜 돈을 조금만 가지고 오시는지 모르겠어요.

집에 와서 나는 파란 집짓기 나무토막 하나를 골라 들고 자동차 놀이를 했어요. 나무토막의 홈 속에는 은이 인형과 엄마 인형을 태우고요, 자동차가 신 나게 달려요.

"빵빵, 자동차가 갑니다. 자동차는 지금 터널 안으로 가고 있어요. 부웅!"

내가 운전하는 자동차는 상자 터널을 지나고 소파로 된 산을 지나 탁자 아래의 바다까지 왔어요. 어, 자동차가 바다에 풍덩 빠졌어요. 하지만 걱정하지 마세요. 이 자동차는 물속에서도 달릴 수 있답니다.

그런데 저녁에 아빠가 새 자동차를 사오셨어요. 엄마가 아빠에게 전화하셨나 봐요. 아까 장난감 가게에서 본 것보다 훨씬 크고 더 반짝거려요. 운전석에는 조그만 로봇처럼 생긴 인형이 타고 있고, 단추를 누르면 앞으로 쭉 나가는 차예요.

나는 신기해서 단추를 자꾸 눌렀어요.

"앵, 앵, 자동차가 나갑니다. 자동차가 터널을 지나갈 거예요."

나는 자동차가 터널로 지나가게 하려고 했는데, 단추를 누르니 자동차는 저 혼자 앞으로 달리다가 터널 앞에서 뱅뱅 제자리걸음을 하네요.

"이 자동차는 로봇이 운전하니까 터널을 못 지나가나 봐."

나는 나무토막 자동차를 다시 꺼냈어요. 그걸 가지고 한참 놀다 보니, 어느새 아빠가 사 오신 새 자동차는 까맣게 잊어버렸어요.

● 이렇게 교감해요
아이가 놀이의 주역이 될 수 있는 장난감을 마련해주세요.

아이에게 어떤 장난감을 마련해주십니까? 모양이 신기한 것이나 비싼 소꿉놀이 세트의 완제품을 안겨주고 계시진 않습니까? 여닫고 분해하고 조립할 수 있는 장난감은 정리하기 번거로우므로 사주기를 꺼리시지는 않습니까?

아이들에게 장난감은 놀이를 통해 세상을 배우는 교과서와 같습니다. 이상적인 장난감은 우선, 아이의 나이와 발달 단계에 맞고, 아이 혼자서 조작할 수 있고 몸 크기에 맞고, 안전하고 오래 쓸 수 있어야 합니다. 그리고 무엇보다도 놀이할 때 아이 자신이 많은 역할을 하고 상상을 많이 할 수 있게 해주는 것이 좋습니다. 놀이 속에서 자신이 해야 할 일이 많으면 많을수록 아이는 자신감과 창의력을 키우며 많은 것을 배울 수 있지요. 그런 장난감은 매일 가지고 놀아도 싫증이 나지 않기 때문에 오랫동안 쓸 수 있답니다.

그런 점에서 보면, 몇 시간만 지나면 싫증이 날 수도 있는, 단추 하나만 누르면 되는 전지로 움직이는 장난감보다는 블록 장난감이 좋고, 너무 비싸서 아이가 마음대로 다룰 수 없는 완제품보다는 헌 보드상자나 나무토막이 훨씬 더 좋은 장난감이 될 수 있습니다. 이렇게 장난감은 아이가 놀이의 주역이 될 수 있는 것으로 마련해주세요.

그리고 장난감이나 놀이 교재들을 단순히 한 가지 방법이나 용도로 사용하지 말고, 그것으로 다양한 놀이를 구성해보세요. 아이가 싫증내지 않는 새로운 학습과정을 만들 수 있답니다.

그곳에 가면
IQ EQ가 쑥쑥

● 놀이터의 모래 도시

아빠와 함께 놀이터에 갔어요. 햇볕이 쨍쨍한데도, 놀이터엔 아이들이 많아요. 아이들은 미끄럼틀도 타고 그네도 타고 옹기종기 모여 앉아 모래 놀이도 하고 있어요. 나는 철봉 옆으로 갔어요. 철봉에 손을 대어보니, 햇볕을 받아 뜨거워요. 아빠는 내 몸을 번쩍 들어 철봉 위로 올려주셨어요. 거기에 앉으니 나무도, 길가의 자동차도 다 보였어요. 내 키가 훨씬 커진 것 같아요.

철봉에서 내려온 뒤엔 미끄럼틀로 갔어요. 미끄럼틀 위에는 아이들이 많이 있어요. 우리는 줄을 서서 차례로 뜨거운 미끄럼틀을 탑니다.

"씽!"

앗! 미끄럼을 타고 내려오다 어떤 언니와 부딪혔어요. 그런데 어떻게 하지요? 내가 잘못한 것도 없는데 그 언니는 화를 내며 내게 흙을 뿌렸어요. 나는 어쩔 줄 몰라 아빠 쪽을 쳐다보았어요. 벤치에 앉아서 그걸 지켜보고 계시던 아빠는 그 언니에게 다가갔어요. 그리고 그 언니에게 다정하게 웃으면서 물어보셨어요.

"참 예쁜 머리띠를 했구나. 미끄럼도 잘 타네. 네 이름은 뭐니?"

"나경이요"

"나경아, 동생이 일부러 그런 것 아니니까 사이좋게 놀아라."

언니는 아빠의 말씀을 듣고, "네" 하고는 도망가 버렸어요.

미끄럼틀 타는 것도 시들해진 나는 아빠와 모래 장난을 합니다. 못 쓰는 종이컵을 주워 모래를 푸고, 아빠는 손등 위에 모래를 끼얹어서 굴을 만드세요.

그때, 내게 흙을 뿌렸던 나경이 언니가 슬며시 다가왔어요.

"모래성 만들 때 흰 모래를 쓰면 안 되는데."

"왜?"

"흰 모래를 쓰면 성이 무너지거든요."

"그럼, 나경이 너도 모래성을 만들어보렴."

언니도 모래성을 만들기 시작했어요. 나는 종이컵에 모래를 꾹꾹 눌러 담아 모래성 옆에 엎어놓고 종이컵처럼 생긴 모래집을 지어요. 아빠가 말씀하셨어요.

"우리, 모래로 도시를 만들자."

우리는 모래성과 모래집으로 된 모래 도시에 나무를 심고 길도 만들었어요. 이제 나경이 언니와 나는 모래 도시에서 모래를 뿌리며 놀아요. 언니 머리도, 내 머리도 모래투성이가 되었어요.

조금 있으니 나경이 언니 엄마가 오셨어요. 언니는 집으로 돌아가야 한대요.

"언니야, 잘 가!"

"은이야, 잘 있어!"

처음 만날 땐 싸웠는데 헤어질 땐 아쉬웠어요. 나도 아빠와 함께 집으로 돌아왔어요.

💬 이렇게 교감해요

아이가 놀이터에서 많이 놀도록 해주세요.

아이에게 있어 놀이터는 단순히 시간만 보내는 장소가 아닙니다. 흙을 파고 벌레를 잡으며 좋아하는 일을 할 수 있는 공간인 놀이터는, 아이들이 생활하는 곳이며 주변 환경을 탐색하고 학습할 수 있는 학습 환경의 하나입니다. 거기서 하는 달리기, 뛰어오르기, 균형 잡기 등의 놀이는, 몸을 단련시키고 표현력을 키우고, 활발한 성격을 형성하는 데도 도움이 되지요. 또 아이들은 놀이터에서 또래 친구와의 세계를 발견하고 사회생활의 요령을 배우기도 합니다.

그러므로 아이에게 매일 놀이터에서 놀 기회를 주고 그 시간도 가능한 한 제한하지 마세요. 또 놀이터에 갈 때는 낡은 부엌 도구나 상자를 꼭 가지고 가세요. 모래 놀이를 할 때 필요하니까요. 모래 놀이는 물놀이와 마찬가지로 도구를 가지고 쏟고 측정하며 양과 부피에 대한 감각을 익히고, 손놀림으로 다양한 것들을 만들며, 구도, 균형, 조화에 대한 감각과 상상력, 감수성, 독창성, 유연성을 키울 수 있는 놀이랍니다.

몸으로 배운 IQ EQ가
오래 간다

● 목걸이와 그네

"엄마, 구슬 목걸이 하나 만들어드릴까요?"

구슬 꿰기 놀이를 하다가 엄마에게 말을 걸었습니다.

"그래, 고마워. 이왕이면 빨간 구슬만 꿰어서 빨간 목걸이를 만들어주렴."

나는 빨간 구슬만 모아 목걸이를 만들어요. 큰 구슬은 꿰기 쉬운데 작은 구슬은 꿰기가 어려워요. 낑낑 땀을 흘리며 구슬을 꿰니다. 이제 다 만들었어요!

"엄마, 빨간 목걸이를 다 만들었어요. 엄마 목에 걸어드릴게요."

엄마는 목걸이가 예쁘다고 감탄하시며 목에 거셨어요. 그리고 빨래할 때도, 설거지할 때도 계속 걸고 계셨어요. 내일은 아빠에게 드릴 초록 목걸이도 만들어야겠어요.

이제 구슬은 치워놓고 블록 놀이를 해볼까요? 오늘은 놀이터를 만들어볼래요. 빨간 블록으로 미끄럼틀을 만들고 파란 블록으로 시소를 만들어요. 기둥에 깃발도 꽂고, 의자 옆에 나무도 심어야겠어요. 동물 친구들도 놀러 오라고 해야겠어요. 기린, 말, 사자, 하마…. 어머, 놀이터가 너무 비좁아서 하마는 들어올 자리가 없네요. 할 수 없이 하마는 집에 가라고 해야겠어요.

이제 새로 만든 놀이터에 은이와 기범이와 엄마 아빠가 놀러 와요. 노란 옷을 입은 단발머리 인형은 은이고, 파란 옷을 입은 모자 쓴 인형은 기범이에요. 빨간 옷을 입은 인형은 엄마이고, 초록색 옷을 입은 인형은 아빠예요. 은이는 아빠와 함께 미끄럼틀을 타요. 기범이는 아직 아기라서 미끄럼틀을 못 타요. 엄마는 의자에 앉아 기범이에게 우유를 먹이고 있어요. 기범이 우유병은 어디 갔을까? 여기, 손가락처럼 생긴 노란 블록을 기범이 우유병으로 해야겠어요.

그런데 놀이터에 그네가 없네요.

"엄마, 그네는 어떻게 만들지요?"

"적당한 블록이 없니? 그럼 다른 물건으로 만들어보자."

엄마는 나무젓가락 한 개와 털실과 빈 성냥갑을 가지고 오셨어요. 그리고 빈 성냥갑의 양쪽 가장자리에 구멍을 뚫고 털실을 꿰셨어요. 그렇게 하니까 빈 성냥갑이 그네가 되었어요!

"자, 이 그네를 어디에 놓을까?"

"이 기둥 사이에 걸쳐놓으세요."

엄마는 나무젓가락을 반으로 잘라, 성냥갑 그네의 실을 묶은 뒤 기둥 사이에 얹어주셨어요.

"야, 신 난다. 그네 타자."

은이와 아빠는 재미있게 그네를 타요. 엄마와 기범이도 새로 만든 그네에 태워줘야겠어요.

💬 이렇게 교감해요
소근육을 발달시키는 놀이도 자주 하게 해주세요.

손을 많이 쓰면 지능 발달에 많은 도움이 된다는 사실은 알고 계시죠? 손과 손가락의 근육을 발달시키는 놀이에는 어떤 게 있을까요? 우선 종이를 접고, 그림을 그리고, 가위로 오리고 붙이고 만드는 미술 놀이와 공작 놀이, 피아노와 같은 건반악기를 연주하는 놀이를 들 수 있어요. 또 바느질·뜨개질과 같이 실을 이용한 다양한 놀이, 손가락 인형 놀이 같은 조작 놀이도 좋습니다. 집안일을 거들고 돕는 것 역시 도움이 되지요. 특히 구슬과 블록 놀이는 소근육의 발달과 감각·신체·정서·사회성·언어·인지 발달을 도우며, 아이 자신의 생각에 따라 다양한 방법으로 새롭게 구성할 수 있는 개방적인 조작놀이입니다. 어떻게 지도하는 게 좋을까요?

아이들에게 구슬을 주면, 처음에는 구슬을 그릇에 넣다가(2세 이하), 그다음엔 줄지어 늘어놓고 구슬을 아무렇게나 꿰며 놉니다(2~3

세). 그다음엔 한 가지 기준에 의해 구슬을 꿰다가(4~5세), 두 가지 이상의 기준으로 구슬을 꿰는 단계로 발전합니다(6세 이상). 블록을 주면, 처음에는 이리저리 나르고 아무렇게나 모으다가(2세 이하), 한 줄로 늘어 세우거나 탑을 쌓는 놀이를 하지요(2~3세). 그다음엔 다리나 울타리를 만들고, 동물원과 같이 간단한 극화놀이를 하다가(3~4세), 아파트와 같이 실제 사물을 재생하여 정교하고 상징적인 구성물을 만드는 단계로 발전합니다(4~6세). 아이가 어느 단계인지 관찰해보고, 그다음 단계의 놀이를 할 수 있도록 천천히 유도해보세요.

교감 지능의 근원은 오감 체험

● 푸른 벨벳과 누런 삼베

엄마가 옷을 꺼내려고 장롱문을 여셨어요.

"엄마, 장롱 안에는 뭐가 있어요? 나도 한번 볼래요."

나도 엄마보다 먼저 장롱 안으로 뛰어들어 갔어요. 장롱 안에는 아빠 옷과 엄마 옷이 걸려 있고요, 아래쪽에는 옷을 담은 바구니들이 있어요.

어머나! 조그만 노란 바구니에는 내 겨울 양말이 들어 있어요. 빨간 토끼가 대롱대롱 달린 벙어리장갑도 있고요. 나는 얼른 바구니에서 장갑을 꺼내어 꼈습니다. 모자도 꺼내볼까? 나는 장갑을 끼고 바구니 안을 더듬거리며 모자를 찾습니다. 그런데 모자를 찾을 수가 없어요. 그걸 보고 계시던 엄마가 말씀하셨어요.

"장갑을 끼고 찾으니까 그렇지. 장갑을 벗고 찾아봐라."

"엄마, 왜 장갑을 끼면 모자를 찾기가 힘들지?"

"우리 손끝에는 신경이 있는데, 물건을 만질 때는 이 신경을 이용해서 물건을 구분하는 거야."

그렇게 말씀하신 엄마는 장롱 안 깊숙이 든 동그란 바구니를 하나 꺼내셨어요. 거기에는 도대체 무엇이 들었을까요? 엄마는 바구니의 뚜껑을 여셨어요. 아, 거기에는 엄마가 바느질하다가 남기신 헝겊 조각이 잔뜩 들어 있어요.

"자, 장갑을 벗고 눈을 감고 손끝으로 이 헝겊들을 한번 만져볼래? 어느 것이 가장 부드럽지?"

"이거요."

나는 부드러운 헝겊 조각을 하나 집었어요.

"그래, 그건 푸른 벨벳이야. 그럼 또 눈을 감아봐. 이젠 거칠거칠한 천을 한 번 집어보렴."

나는 거칠거칠한 헝겊 조각을 하나 집었어요.

"옳지, 잘했다. 누런 삼베를 집었네. 부드러운 천과 거친 천을 어떻게 구분하지?"

"손끝의 신경으로요."

"그렇지! 잘됐다. 이 헝겊들로 촉감 카드를 만들어서 가지고 놀면 되겠구나."

엄마는 헝겊들을 오려서 종이에 붙여 카드를 만들어주셨어요. 나는 그 헝겊 카드를 깡통에 넣어서 만지기 놀이도 하고, 상 위에 늘어놓고 무늬 맞추기 놀이도 한답니다.

💬 **이렇게 교감해요**

다양한 감각 체험을 할 수 있도록 해주세요.

혹시 아이가 매일 플라스틱이나 금속 장난감만 가지고 놀고, 밖에 나가면 콘크리트만 보면서 자라고 있지는 않나요? 될 수 있는 대로 여러 가지 소재를 주어 다양한 감각 체험을 할 수 있도록 해주세요.

주위의 사소한 것을 볼 때도 무늬나 모양에 관심을 두게 하고 평범한 사물 속에서도 아름다움을 느낄 수 있도록 일깨워주세요. 다양한 것을 보고 듣고 만지고 냄새 맡고 맛보며, 아이의 눈과 귀와 코와 손을 늘 바쁘게 해주세요. 아이들은 자기 눈으로 보고, 손으로 만지고, 움직여본 것에서 추상적인 사고를 더 잘 이끌어낼 수 있습니다.

어린 시절에 다양한 감각 체험을 많이 한 아이들이 자라서 추상적이고 논리적인 사고를 더 잘한답니다. 또한, 이렇게 사물에 대한 감수성을 키워주면 아이의 삶을 더 유연하고 풍요롭게 만들어줄 수 있겠지요?

부모의 생활 IQ EQ를 모방한다

● 종이 손수건에 핀 주스 꽃

외할머니와 이종사촌 효원이 언니가 우리 집에 놀러 왔어요.

"무슨 날씨가 이렇게 덥담."

외할머니는 손수건으로 땀을 닦으시면서 가지고 오신 오렌지 주스 병을 내려놓으셨어요. 나는 외할머니께 인사를 드리고 부채도 갖다 드렸어요.

"은이가 그 사이 또 많이 컸구나. 효원이보다 한 살 적은데도 키가 더 크네."

어느새 엄마가 딸기 한 소쿠리와 주스 컵을 가지고 오셨어요. 우리는 모두 딸기를 먹고 주스를 마셨어요. 효원이 언니와 나는 비디오와 그림책도 보고 장난감도 흩어놓고 놀다가 술래잡기 놀이를 하기 시작했어요.

"나 잡아봐라, 메롱!"

언니가 외할머니 등 뒤로 숨었어요.

"내가 못 잡을 줄 알고?"

나는 재빨리 외할머니 품으로 뛰어들었어요. 그러다 그만 외할머니 옷에다 주스를 엎질렀어요. 엄마는 주스 컵을 받치던 종이 손수건으로 엎질러진 주스를 닦기 시작하셨어요.

"은이야, 외할머니께 사과드려라. 그리고 걸레와 휴지통 좀 가져오렴."

엄마는 주스를 닦느라 노랗게 된 종이 손수건을 휴지통에 버리셨어요. 그리고 크레파스를 들고 오셨어요.

"얘들아, 우리 재미있는 놀이 하나 할까?"

엄마는 종이 손수건 몇 장을 펴서 상 위에 놓으셨어요. 그리고 빨간 크레파스를 꺼내어 그 위에다 꽃 한 송이를 그리시고, 빨대에 주스를 묻혀서 그 꽃 그림 안에다 한 방울씩 묻히셨어요. 그러자 노란 주스가 종이 손수건에 스며들어 번지기 시작했어요. 어, 이상해요! 주스 물이 크레파스로 그려진 꽃 그림 밖으로는 번지지 않네요. 종이 손수건에 노란 주스 꽃 한 송이가 피었어요!

"자, 너희도 해봐. 종이 손수건이 찢어지지 않게 조심하면서."

효원이 언니와 나도 종이 손수건에 크레파스로 그림을 그리고, 빨대에 묻힌 주스를 한 방울씩 떨어뜨렸어요. 종이가 찢어지기도 했지만, 결국 언니와 나는 종이 손수건에 예쁜 주스 꽃을 한 송이씩 그렸답니다.

"다음에는 헝겊에 염색을 해봐야겠네. 물감도 준비하고."

엄마가 말씀하셨어요.

● **이렇게 교감해요**

탐구하고 응용하려는 태도를 보여주면서 상상력을 자극해주세요.

아이들은 어른의 고정관념을 뛰어넘는 무한한 상상력을 가지고 있습니다. 아이들의 상상력은 발명과 발견의 원동력이 되고 창조적 행위의 뿌리가 되지요. 그러므로 유치하고 엉뚱하고 헛소리 같아 보이더라도 아이의 자유로운 생각을 인정하고 상상력을 자극해주세요. 호기심이 많고, 질문을 많이 하며, 실수를 두려워하지 않는 창의적인 아이로 키워주세요.

그러려면 우선 엄마 아빠가 장난꾸러기가 되어보세요. 공부할 때도 재미있는 게임을 하는 것 같은 분위기를 만들어주고, 일상생활의 사소한 일도 상식을 뛰어넘는 재미있고 다양한 방법으로 해보세요. 모든 사물을 탐구적으로 대하고 응용하려는 엄마 아빠의 태도는 아이의 과학적 사고방식 형성에 큰 영향을 줍니다. 찬찬히 살펴보면 휴지한 장도 재미있는 과학 실험의 도구와 미술 놀이의 재료가 될 수 있습니다. 엄마 아빠가 먼저 생활 속에서 일어나는 여러 현상을 예사롭게 보아 넘기지 말고 탐구하고 응용하려는 관점으로 대하면서 아이에게 사물을 새로운 시각으로 볼 수 있는 아이디어를 제공해주세요.

그리고 실험을 할 때는 답을 미리 가르쳐주지 말고 아이 스스로 답을 찾아내는 습관을 들여 주세요. 아이에게 먼저 결과를 예측하게 하고 힌트를 주면서 함께 해답을 찾는 과정을 통해 아이의 학습 경험을 넓혀주세요. 이러한 과정을 거치면서 아이는 과학적이고 논리적인 사고방식을 익히고 인내심과 끈기를 기를 수 있습니다.

뇌는 반복하는 것에 집중한다

● 하나, 둘, 셋

엄마는 기범이 우유를 탈 때도, 계단을 올라갈 때도 큰 소리로 "하나, 둘, 셋…" 하면서 숫자를 헤아리시지요. 그러면 나도 "하나, 둘, 셋…" 하면서 따라 한답니다.

엄마는 내게 간식을 줄 때도 이렇게 말씀하세요.

"은이야, 사과 하나 줄까?"

"여기 컵이 두 개 있네. 어느 컵으로 우유를 마실래?"

"저 접시에 복숭아가 세 개 담겨 있네. 맛있게 먹으렴."

오늘 엄마는 바둑돌을 몇 개 들고 와서, "하나, 둘, 셋 놀이를 할까?" 하고 말씀하셨어요. 엄마는 하얗고 매끈매끈한 바둑돌을 내 앞에 나란히 놓으셨어요.

"자, 손가락으로 바둑돌을 하나하나 만져 보렴. 한 번에 한 개씩만 만져야 한다. 맨 처음의 바둑돌을 만지면 '하나'라고 큰 소리로 말하고, 그다음 바둑돌을 만지면 '둘', 그다음 것을 만지면 '셋', 이렇게 큰 소리로 외치는 거야. 엄마가 먼저 해볼게."

엄마는 내 손가락을 붙잡고 바둑돌을 만지게 하면서, 큰 소리로 "하나" 하셨어요.

"이번엔 은이가 해보자."

나는 바둑돌을 만지며 큰 소리로 '하나' 하고 말했어요.

그렇게 바둑돌을 차례로 만지며 하나, 둘, 셋을 여러 번 외친 뒤, 엄마는 내게 물어보셨어요.

"자, 그럼 은이가 만진 바둑돌은 모두 몇 개니?"

"세 개요."

"그렇지! 그럼 여기에는 바둑돌이 세 개 있네. 자, 이제는 은이 혼자서 세어볼래?"

나는 혼자서 바둑돌 세기 놀이를 했어요. 그리고 식탁 위의 사과, 컵, 숟가락과 접시도 세어보았습니다.

내가 '하나, 둘, 셋' 놀이를 하는 동안, 엄마는 두꺼운 종이에 크레파스로 숫자를 쓴 뒤 토끼 모양으로 오려 우리 방 벽에 붙여놓으셨어요.

● **이렇게 교감해요**

구체적인 생활 소재로 수학을 가르치세요.

아이가 입으로 1에서 20까지의 숫자를 입으로 외우는 것과 실제로 물건을 세는 것은 다릅니다. 일상생활 속에서는 일반적으로 숫자나 도형에 의한 사고보다는 언어에 의한 사고 훈련을 많이 하므로 전자가 더 쉽지요. 아이들은 읽기보다는 수학 공부를 어려워하므로, 수학을 가르칠 때는 인내심이 필요합니다. 그러나 서너 살짜리 아이도 구체적인 생활 소재에 바탕을 두면 충분히 수학 공부를 할 수 있습니다.

아이에게 수학을 가르치려면, 물건을 줄 때 이름과 양을 동시에 불러주세요. 이때 수 개념보다 양 개념이 우선입니다. 그리고 앞에서 소개한 세기 게임을 매일 5분 정도씩 3, 4개월간 계속하세요. 세 개부터 시작하고 세 개를 셀 수 있게 되면 수를 조금씩 늘려가며 열 개까지 하세요. 그 외에도 아이가 좋아하는 소재를 이용하여 여러 가지 세기 게임을 계속해보세요. 또 전화기, 텔레비전, 시계, 달력 등 집 안의 물건에 있는 숫자의 모양에 관심을 기울이게 해주고, 이것에 익숙해지면 나무로 만든 숫자카드 같은 것을 준비하여 숫자 하나하나의 이름을 가르쳐주세요.

교감이
유전자를 바꾼다

● 우리유치원

우리 집에는 조그마한 마당이 있어요. 마당 한구석에는 조그마한 꽃밭도 하나 있고, 그 옆에는 꽃밭보다 더 큰 평상이 있어요. 평상 위엔 장난감 상자가 놓여 있고, 그 뒤에는 노란 텐트가 하나 있어요. 텐트에는 '우리유치원'이라는 마분지로 된 팻말이 붙어 있지요.

딩동!

초인종이 울렸어요. 어, 벌써 10시네요. 옆집 송이랑 욱이가 우리유치원에 가자고 왔나 봐요. 나도 얼른 우리유치원에 가야겠어요. 나는 가방을 메고 모자를 쓰고 신발도 신었어요. 그리고 엄마에게, "유치원에 다녀오겠습니다!" 하고 인사했지요. 밖으로 나가 대문을 여니 송이 엄마가 송이와 욱이의 손을 잡고 서 계시네요. 아 참, 오늘은 송이 엄마가 우리유치원의 선생님이세요. 나는 송이 엄마께 큰 소리로 인사했어요.

"선생님, 안녕하세요?"

"은이야, 안녕?"

우리는 반갑게 인사하고 나란히 줄을 지어 걸어가며 씩씩하게 노래를 불렀어요.

"꽃밭에는 꽃들이 모여 살고요…."

오늘은 유치원에서 무엇을 배울까요? 우선 음악을 듣고 '짤랑짤랑' 체조도 하고 새로운 노래와 율동도 배운답니다.

그다음엔 자유시간이에요. 우리는 좁은 마당 안을 우르르 뛰어다니며 장난을 치지요. 꽃밭의 꽃들도 들여다보고 노란 텐트 안에 들어가 놀기도 해요. 간식 시간에는 선생님께서 매일 재미있는 이야기를 들려주시지요. 오늘은 송이 엄마 선생님께서 '개구리 왕자' 이야기를 들려주셨어요.

마지막은 보람 있는 일을 한 가지씩 배우는 시간. 오늘은 '쓰레기 버리는 방법'에 대해 배우기로 했어요. '우리유치원', 정말 재미있지요?

💬 이렇게 교감해요
이웃집과 함께 아이를 교육하는 시간을 가져보세요.

학교는 가정에서 시작된다는 말이 있습니다. 엄마가 놀이와 대화로서 아이의 일상생활을 교육적으로 이끌면 생활 그 자체가 가장 좋은 수업과정이 되기도 합니다. 그것만으로는 안심되지 않는다고요? 너무 피곤해서 일과 중에는 그런 것까지 신경 쓰기 어렵다고요?

그러면, 매일 몇 시간, 아니 일주일에 몇 시간 정도라도 의식적으로 집중해서 아이를 교육하는 시간을 가져보세요. 혼자서 하려고 하지 말고, 늘 아빠랑 이웃의 엄마들과 함께 의논하면서 함께 할 수 있는 일을 찾아보세요. 이웃의 엄마들과 돌아가며 품앗이 놀이방이나 가정 유치원을 만든다면 아이가 훨씬 편안하고 푸근한 분위기에서 무언가를 배울 수 있고, 나중에 유치원이나 학교와 같은 진짜 사회생활에 적응하는 데도 훨씬 도움이 될 것입니다.

> 교감육아 Guide ④
> **나이와 발달 단계에 맞는 놀이(4~6세)**

4~6세의 아이들은 소근육 활동, 상상 놀이, 야외 나들이 등 다양한 체험을 할 수 있는 놀이를 좋아합니다. 이 시기에는 사회성 발달에 중점을 두고 지도하세요.

1. 4세

1) 발달 특징

- 소근육을 활용하는 능력이 향상된다. 연한 음식을 칼로 자른다. 이를 잘 닦는다. 큰 공을 던지고 받는다. 글자와 숫자를 몇 자 그린다. 지퍼와 큰 단추를 조작할 수 있다. 가위질, 풀칠, 바느질을 할 수 있다.
- 상상력이 풍부해진다. 형태·색·크기 등으로 물체를 인식하며 기억력이 높아진다. 기본적인 수 개념과 문제 해결 능력도 발달한다. 해·달·별·동식물에 관심을 보인다.
- 자신감이 있다. 어른을 웃기려고 허풍을 떤다. 어른의 주의를 끌고 인정받고 싶어서 무모한 행동을 한다. 협동 놀이를 한다. 또래에게 장난감을 양보할 수 있다. 남자도 머리를 기르면 여자가 될 수 있다고 생각한다.

2) 적당한 놀이와 장난감

- 단추 끼우기·고리 걸기·자르고 반죽하는 놀이·색칠하고 바느질하는 활동·가위질하기·조작하기·요리하기·도미노 게임·카드놀이 등 그룹게임. 조각 그림 맞추기.
- 2~3살의 장난감 외에 볼링·훌라후프·탈것들·색채 주사위·상상의 세계를 담은 그림책·녹음기·낱말 카드·소꿉놀이 장난감·역할 놀이 소품·여러 가지 상상 놀이를 할 수 있는 인형·리듬 악기·음악 테이프·미술 도구들·여러 가지 자동차와 교통표지판·공격적 감정을 표현하고 긴장을 이완시킬 수 있는 인형이나 펀칭백·숫자 저울.
- 너무 비싸지 않아 부담 없이 다룰 수 있는 장난감이 좋다.

2. 5~6세

1) 발달 특징

- 운동 능력과 소근육을 활용하는 능력이 향상된다. 샴푸로 머리를 감으려 한다. 목을 닦을 수 있고 구두끈의 매듭을 맬 수 있다. 혼자서 옷을 입는다. 고기를 칼로 자른다. 왼손잡이·오른손잡이의 구분이 굳어진다. 쓰기의 필요성을 느끼며 관심을 보인다. 자기 이름, 숫자, 알파벳, 사각형 등을 조금씩 그릴 수 있다.
- 관심 있는 주제에 대해 집중하는 시간이 길어진다. 기억력이 높아지고 상상력이 풍부해진다. 논리적 사고의 징조가 보인다. 1:1 대응과 같은 관계의 개념을 조합한다. 언어 능력 발달은 거의 완성된다. 약간의 글자를 읽고 쓴다.

- 어른으로부터 독립적이다. 놀이도 신체적 접촉보다 말을 통한 의사소통 중심으로 변한다. 자기중심적 사고에서 벗어나 또래와 협동해서 논다. 동생이나 친구를 보호하며 친절하고 책임감이 있다. 귀신, 도깨비, 유령을 무서워한다. 성 역할 개념이 분명하다. 자신이 속한 지역사회와 세계에 관심을 보인다.

2) 적당한 놀이와 장난감
- 팽이 놀이·스케이트나 롤러스케이트 타기·어른의 시범을 따라 가위로 자르고 풀칠하는 미술 활동·정교한 블록 쌓기·간단한 카드 게임이나 빙고 게임·윷놀이나 주사위 놀이 등 그룹 게임·종이접기·열다섯 조각 이상 그림 맞추기·극 놀이.
- 2~4세의 장난감 외에 종이 인형·그림책·녹음기·낱말 카드·숫자 그림 카드·앞에는 글자가 있고 뒤에는 그림이 있는 나무토막·극 놀이를 위한 소품들.
- 이 시기에는 아이와 함께 야외 나들이와 견학을 자주 다니는 것이 좋다.

3장
교감의 조건

무조건 교감은 No,
건강한 교감이 중요해

거인 나라에 간 걸리버와 같던 어린 지구인은, 스스로 걸을 수 있게 되어 밖에 나가면서 자신의 동족을 발견합니다. 자신과 똑같은 눈높이를 가진 아이들을 발견한 거죠.

함께 나들이하면, 한 살배기 아이라도 무엇부터 관심을 두는지 살펴보세요. 자신과 같은 또래 아이들을 열심히 쳐다볼 것입니다. 안고 있던 아이를 내려놓으면 얼른 아이들 옆으로 달려가 아이들이 하는 것을 따라 합니다. 그러다가 세 살 정도가 되면 아예 엄마의 그늘을 벗어나 저희끼리 놀고 싶어 합니다. 바야흐로 어린 지구인의 사회생활이 시작된 거죠. 아이는 이러한 과정을 통해 어른이 되어 대인관계를 할 수 있는 경험을 쌓고, 미래에 자신들이 주역이 되는 사회를 건

설할 능력을 익힙니다.

예전에 비하면 요즘의 아이들은 친구 사귀는 시기가 늦어지고 있습니다. 바깥이 여러모로 위험하다 보니 나갈 때는 늘 엄마의 보호가 필요하며, 자기가 원하는 곳으로 마음대로 갈 수가 없습니다. 아이들 간의 자연스러운 집단 형성도 잘 안 되니 아이가 자연스럽게 사회생활을 배우기도 힘들어졌습니다.

그러나 우리 아이가 살아갈 앞으로의 사회는 예전보다 사회성 있는 사람을 더욱 필요로 합니다. 즉, 미래 사회에는 지금과 같은 봉건적이고 관료적인 관계에 순응하는 데 익숙한 사람보다 민주적이고 수평적인 네트워크의 관계에 익숙한 사람이 필요하다고 합니다. 또 분화된 전문 영역의 조화가 중시되며, 개인의 다양한 개성을 존중하면서도 그것을 하나로 엮어나갈 새로운 공동체 의식이 더욱더 절실해진다고 합니다. 이런 사회일수록 남에게 끌려가기보다는 주체적으로 사회현상을 판단할 줄 알고, 먼저 다른 사람에게 손을 내밀며 친밀하게 지내고 포용하고 협동하는 마음을 지닌 사람이 더 환영받게 되겠지요.

그러므로 아이가 세 살이 넘었다면 아이의 사회성 교육에 신경을 많이 써주세요. 사회성 교육은 인간관계를 잘하는 것과 주위의 사회현상에 대해 관심을 두는 것, 이 두 가지로 나눌 수 있습니다. 인간관계를 잘한다는 것은 주로 또래 친구, 부모와 친척, 이웃, 선생님과의 관계에 애정을 느끼고 올바르게 행동하는 것을 뜻합니다. 이것은 물론 갓난아기 때부터 엄마 아빠와의 관계에서부터 시작됩니다. 또 사회 현상에 대해 관심을 둔다는 것은, 자신이 사는 동네와 지역사회, 그리고 우리나라와 다른 나라에서 일어나는 일에 대한 관심을 두는 것을 뜻합니다.

이 장에서는 이러한 주제에 대해 자세히 이야기해보겠습니다.

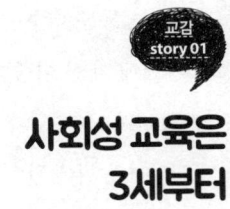

사회성 교육은 3세부터

● 시장에 갔어요

"은이야 시장 가자."

엄마가 기범이 옷을 갈아입히면서 말씀하셨어요. 나는 "네" 하고 얼른 모자를 쓰고 신을 신었어요. 밖으로 나오니 바람은 솔솔 불고 하늘은 파래요. 하늘을 쳐다보면 눈이 부셔 자꾸 재채기가 날 것 같아요. 나는 팔을 나비처럼 흔들며 '띠뽀띠뽀' 노래를 부르며 걸어갑니다.

골목길을 돌아 나오면 문방구가 있어요. 문방구에는 늘 공이나 반짝이, 훌라후프 같은 게 주렁주렁 매달려 있고, 언니오빠 들이 게임기 앞에 모여 있지요. 내가 문방구 아저씨께 "안녕하세요" 하고 인사하면 문방구 아저씨께서는 "은이 시장 가는구나. 어이구, 벌써 아가씨 같네" 하시면서 과자를 하나 주시지요. 문방구 옆에는 은하비디오,

그 옆에는 통통치킨…. 나는 걸어가면서 엄마와 간판 읽기 놀이도 하고, 가게에 계신 아줌마 아저씨들께 "안녕하세요" 하고 인사하느라 바쁘답니다.

드디어 슈퍼에 왔어요. 나는 바퀴가 달린 쇼핑카 위에 올라앉아서는 장을 볼 물건이 그려진 쪽지를 꺼내어 거기에 그려진 것들을 차례대로 큰 소리로 부르지요. 엄마는 내가 부르는 대로 물건을 쇼핑카에 담으세요. 두부, 달걀, 시금치, 미역….

필요한 것을 다 담으면 계산대에 가서 계산하고 포장해야 해요. 나는 쇼핑카에서 내려 포장대위에 올라가 엄마가 물건 담는 것을 도와드리지요. 어제는 채소는 녹색 장바구니에, 고기는 노란 비닐 봉투에 담았었는데요. 오늘은 냉장고에 넣어야 할 것은 장바구니에, 냉장고에 넣지 않아도 될 것은 비닐 봉투에 담기로 했어요.

"엄마, 과자랑 쓰레기봉투는 냉장고에 넣을 것이 아니니까 봉투에 담으세요."

"참, 그렇지! 우리 은이가 없으면 엄마가 어떻게 장을 볼까?"

정말이에요. 엄마는 나랑 함께 와야 장을 잘 보신다니까요.

이제 장바구니는 엄마가 들고 비닐 봉투는 내가 들기로 했어요. 그리고 엄마와 나는 손을 잡고 집으로 돌아옵니다.

💬 이렇게 교감해요
체험학습을 할 때는 아이와 대화를 많이 나누세요.

아이와 함께 외출해서 체험학습을 시켜주세요. 볼일이 있어 시장이나 은행에 갈 때도 좋고, 놀이 삼아 동네 안을 돌아다니는 것도 좋습니다. 바깥에는 아이들의 마음을 끄는 장소가 반드시 있을 것이며, 이렇게 돌아다니는 것은 어른에게도 즐거운 일입니다. 이러한 체험학습을 통해 아이에게 세상을 직접 경험할 기회를 만들어주세요.

이때 아이와 많은 대화를 나누면서 바깥에서 일어나는 여러 가지 일들을 아이의 시각으로 보며 재미있게 설명해주세요. 그리고 어른의 눈으로 보면 당연한 일이라도 절대로 그냥 지나치지 말고 교육적인 것으로 바꿔보세요. 엄마가 조금만 신경을 쓴다면 인지·언어 능력뿐 아니라 사회성과 상황 대처 능력까지 키워줄 수 있습니다.

그리고 집으로 돌아온 다음에는 바깥에서 보고들은 것을 그림이나 글로 표현하게 해보세요. 이러한 과정은 아이의 호기심을 유발하여 자발적으로 세상을 익히게 하는 훌륭한 수업이 되며, 엄마의 생활을 더 잘 이해하게 하는 계기도 됩니다.

뇌를 촘촘하게 엮어주는 손쉬운 방법

● 우리 동네 지도

"은이야, 동네 지도 그리기 놀이할까?"

엄마가 엄지만 한 장난감 인형 네 개와 커다란 종이를 한 장 들고 오시며 말씀하셨어요.

"그게 뭐예요, 엄마?"

엄마는 방바닥에다 종이를 펼치셨어요. 그리고 종이 한가운데 집을 그리고, 맨 위에는 도서관, 아래에는 시장, 왼쪽 끝에는 놀이터, 오른쪽 끝에는 동사무소를 그리셨어요.

"자, 잘 봐. 이 종이 한가운데 그려진 게 우리 집이야. 또 네 귀퉁이에는 도서관과 시장, 놀이터, 동사무소가 있지. 그리고 이 인형들은 아빠와 엄마, 은이와 기범이야. 우선 이 인형들을 가지고 은이가 엄마와 함께 놀이터에 간다고 생각하고 집에서 놀이터로 가는 길을 그려보자."

엄마는 집에서 놀이터까지 줄을 죽 그으셨어요. 그리고 빨간 인형과 노란 인형을 들고, 엄마와 은이가 집에서 나와 폴짝폴짝 놀이터 쪽으로 가는 시늉을 하셨어요.

"놀이터 가는 길에는 학교 담이 있어요. 학교 담을 지나면 파출소가 나오지요. 자, 그걸 종이 위에다 그려볼까?"

엄마와 나는 종이 위에 학교 담과 파출소를 그려 넣었어요.

"이제 놀이터에서 재미있게 놀다가 집으로 돌아옵니다. 어, 오는 길에 보니 이쪽에는 미술학원과 약국도 있네요. 미술학원과 약국도 그려 넣읍시다."

엄마와 나는 종이 위에 미술학원과 약국을 그려 넣었어요.

"엄마, 송이네 집도 그려요. 나무도 그리고요."

"네, 그럽시다. 자, 이제 우리 집에서 놀이터까지 가는 길을 그린 지도가 완성되었습니다."

엄마와 나는 손뼉을 쳤습니다. 그리고 시장으로 가는 길과 도서관 가는 길도 차례로 그려 넣었어요. 동사무소 가는 길을 그릴 때 엄마는 "우리 동네 이름은 행복동이야. 여기에다 '행복동 동사무소'라고 써넣자"라고 하시며, 우리 동네 이름을 가르쳐주셨어요.

다 그린 뒤, 엄마는 종이 위에다 커다랗게 '우리 동네 지도'라고 쓰고, 그 종이를 우리 방 벽에 붙여주셨어요. 저녁에 아빠가 오실 때까지 나는 장난감 인형을 들고서 우리 동네 여기저기를 놀러 다니는 놀이를 했습니다.

● 이렇게 교감해요

주변에 무엇이 있는지 가르쳐주세요.

아이와 함께 동네 지도를 그려서 집의 위치와 근처에 어떤 건물이 있는지 가르쳐주세요. 아이가 조금 컸다면 동네에 어떤 기관들이 있는지, 그 기관들은 어떤 일을 하는지 알아봐도 좋겠지요. 지도를 그리고 난 뒤에는 지도 위에 그려진 장소들을 실제로 둘러보고 와서, 보고 느낀 것을 함께 이야기해보세요.

- 지도 그리기 놀이를 할 때는 이런 것을 준비하세요.
  크레파스, 밑그림으로 도로만 그려진 큰 종이, 동네의 주요 기관이나 건물을 그린 그림 카드, 장난감 인형이나 종이 인형(종이 인형의 뒷면에 고무줄을 매어 손가락 두 개를 걸고 인형의 발로 사용하세요).

- 지도 그리기 놀이를 응용하여 집 찾기 놀이도 해보세요.
  커다란 동네 지도 위에 도로와 육교, 건널목, 지하도 등을 그리고 신호등(빨간 불과 파란 불)도 준비합니다. 아이에게 버스가 다니는 길을 가르쳐주고 상황을 제시합니다.

"만약 병원 앞에서 길을 잃어버리면 어떻게 집으로 올 수 있는지 말해볼까?"

아이에게 생각할 시간을 충분히 준 뒤, 인형을 들고 지도 위의 길을 걸으면서 집으로 오는 방법을 말하게 합니다. 잘 표현했을 때는 칭찬해주고, 부족하다면 바르게 말할 수 있도록 도와줍니다.

IQ EQ는
관계에서 자란다

● 이웃사촌과 우정

오늘은 기범이의 돌날입니다. 엄마와 아빠는 음식을 만드느라 바쁘세요.

"딩동!"

"벌써 손님이 오셨나?"

나는 아빠를 따라 쪼르르 현관으로 갔어요. 거기에는 송이 엄마와 욱이 엄마가 서 계셨어요.

"아유, 많이 바쁘시죠? 우리가 거들 일이 없을까 싶어 왔어요."

"어이구, 고맙습니다. 이렇게까지 신경 써주시니…."

송이 엄마는 집안으로 들어서자마자 앞치마를 두르셨어요. 평소 직장에 다니느라 바쁘신 욱이 엄마도 고무장갑을 끼십니다. 나도 상

위에 수저를 놓으며 열심히 어른들을 도와드렸어요.

"벌써 12시네. 손님들 오실 때가 다 되었네. 자, 은이야, 기범아. 한복 입자."

엄마의 말을 들은 송이 엄마와 욱이 엄마는 앞치마를 벗으시더니, 모자와 양말을 담은 선물 꾸러미를 주시고는, "그럼, 우리는 가요. 돌잔치 잘하세요." 하고 가버리셨어요.

"이렇게 고마울 데가…."

엄마는 말을 잇지 못하셨어요.

손님들이 오시기 시작했어요. 할아버지, 할머니와 큰아버지네 식구들, 그리고 외할아버지와 외할머니, 외삼촌네 식구들도 오셨어요.

"무슨 상을 이렇게 많이 차렸니. 어멈아, 혼자 하느라고 애썼다."

"아니에요. 아범도 같이하고 이웃에서 다들 거들어주셨어요."

"그래? 이웃사촌이 정말 좋기는 좋지."

기범이는 오늘의 주인공답게 상 앞에 의젓하게 앉았어요. 한복을 입으니 꼭 큰 아이 같아요. 어른들은 내게 한복을 입으니 새색시같이 참하다고 하셨어요. 모두 함께 식사하며 웃음꽃이 피었어요.

저녁엔 아빠 친구분들과 엄마 친구분들이 오셨어요. 아빠와 엄마가 학교 다니실 때부터 친하게 지낸 친구들이시래요. 손님들이 오셨다가 가시고 나니 밤 11시가 넘었어요. 기범이는 피곤해서 칭얼거리다 벌써 잠이 들었어요. 나도 잠을 자지 않으려고 버티다가 결국 거실 소파에 누워 잠이 들었나 봐요.

잠결에 엄마 아빠가 설거지하면서 이야기하는 소리가 들렸어요.

"여보, 송이 엄마와 욱이 엄마는 정말 고맙지요? 그리고 경남이와 영화와 진혜는 그 먼 데서도 와주었잖아요. 다들 정말 고마워요."

"내 친구들은 어떻고. 채도와 은성이는 올 줄 알았지만 창호와 용석이까지 와주다니. 정말 우정이 좋긴 좋은 거야. 그 우정을 소중히 가꾸어야 할 텐데."

잠결에 엄마 아빠의 이야기를 듣던 나는 부스스 일어나 물었어요.

"엄마, 우정이가 누구야? 그 사람도 오늘 왔어요?"

그러자, 엄마와 아빠는 큰소리로 웃으면서 말씀하셨어요.

"응, 우정이란 사람 이름이 아니라 친구들끼리 서로 정답게 지내는 걸 말한단다. 사람 살아가는 데 있어 우정은 아주 소중한 거란다."

🗨 이렇게 교감해요

더불어 사는 삶의 즐거움을 가르쳐주세요.

아이의 사회성은 엄마 아빠가 친척이나 친구, 이웃과 열린 마음으로 살아가는 모습을 보면서 계발됩니다. 세상을 살면서 제 것만 챙기고 살면 왠지 쓸쓸하지요. 그러나 기쁜 일이나 어려운 일이 있을 때, 친구가 곁에 있다면 참으로 큰 힘이 되고 마음이 든든합니다.

아이에게 우정의 소중함을 가르쳐주세요. 우정에 대한 엄마 아빠의 경험담도 이야기해주시고, 생활 속에서 작은 것이라도 이웃과 함께 나누는 즐거움을 보여주고, 더불어 살 때 삶이 더 따뜻해진다는 것을 가르쳐주세요. 이런 걸 자연스럽게 느끼는 것은 아이가 자라서 사회생활을 하는 데 아주 중요합니다.

사회성 기초를 닦아주자

● 가족 나무

할아버지 생신 때 찍은 사진을 정리하고 있었어요.

"아빠, 외할머니와 외할아버지, 이모랑 외삼촌은 왜 할아버지 생신 때 안 오셨어요?"

"응, 그건 말이야….."

아빠는 일어나 커다란 종이와 크레파스, 풀, 가위를 가져오셨어요. 그리고 앨범에서 사진을 몇 장 골라내시고는 커다란 종이에다 파란 나무와 노란 나무를 한 그루씩 그리셨어요.

"자, 이 파란 나무는 할아버지 할머니네 가족 나무야."

아빠는 나무의 뿌리에 할아버지 할머니의 사진을 붙이고 나뭇가지에는 큰아버지와 아빠와 고모의 사진을 붙이셨어요.

"아빠, 왜 거기에 큰아버지와 고모 사진을 붙였어요?"

"아빠랑 큰아버지와 고모는 할아버지와 할머니께서 낳아주셨으니까. 그리고 그 옆에 있는 노란 나무는 외할아버지네 가족 나무야. 외할아버지와 외할머니께서는 엄마와 이모와 외삼촌을 낳으셨단다."

아빠는 노란 나무의 뿌리에는 외할아버지와 외할머니 사진을 붙이고, 나뭇가지에는 엄마와 외삼촌, 이모의 사진을 붙이셨어요.

"잘 봐, 나무뿌리는 어머니, 아버지이고 나뭇가지는 아이들이야. 나뭇가지끼리는 한 형제들이고 나무 전체는 한 가족이지. 할아버지 생신은 파란 나무의 가족들이 모여 축하하는 행사였단다. 그래서 노란 나무의 가족인 외할아버지네는 오시지 않은 거란다."

"고모부는요? 고모부는 파란 나무의 가족이 아닌데 오셨잖아요."

"고모부는 다른 나무에 있다가 고모랑 결혼해서 새로 한 가족이 되셨지. 엄마랑 아빠도 서로 다른 나무에 있다가 결혼해서 새로운 한 가족이 된 거란다."

아빠는 파란 나무의 아빠 사진과 노란 나무의 엄마 사진이 손을 잡는 그림을 그리셨어요. 그리고 그 위에다 빨간 크레파스로 새로운 나무를 한 그루 그리셨어요.

"엄마 아빠가 만나니까 나무가 한 그루 또 생겼네. 이 빨간 나뭇가지에는 누구의 사진을 붙일까?"

"은이요! 기범이도요!"

나는 내 가슴을 가리키면서 소리쳤어요. 그리고 나와 기범이의 사진 가운데 가장 예쁘게 나온 사진을 한 장씩 골라 거기에다 붙였지요. 그다음엔 초록색으로 큰아버지네 가족 나무를, 주황색으로 외삼촌네 가족 나무를 만들었어요. 부산 고모랑 서울 이모네 가족 나무도 만들었어요.

다 만들고 나니 종이 위에는 여러 색깔의 나무들이 손을 잡고 서 있는 커다란 숲이 생겼어요.

● **이렇게 교감해요**

가족관계를 이해할 수 있는 가족 나무를 만들어보세요.

아이와 함께 가족 나무를 만들어보세요. 가족 구성원들의 관계도 이야기해주고, 가족이 형성되는 과정에 대해서도 간단하게 설명해주세요. 아이가 단 한 번에 알아듣지는 못하므로 명절이나 가족 행사가 있을 무렵에 되풀이해서 설명해주세요. 조금 큰 아이에게는 가족의 역할을 알려주고, 가족이 어떤 때 협력하며 살아야 하는지도 이야기해주세요. 또 가족이나 주위의 어른들을 뵐 때는 어떻게 인사하며 어떤 말씨를 써야 하는지도 이야기해주세요. 이러한 공부는 아이에게 우리의 전통적인 가족관계를 이해하고 가족의 소중함을 깨닫게 해줍니다. 또 자라서 사회생활을 할 때 연장자와 화목하게 지낼 수 있는 태도도 몸에 배게 해줍니다.

그리고 아이에게 가족이 함께 찍은 비디오나 앨범을 자주 보여주세요. 고립된 핵가족, 1년에 몇 번 명절이나 가족 행사에서만 만나게 되는 가족과 친지들. 아이들은 서로 얼굴을 익히기조차 힘들어 서먹해하지요. 서랍 속에 넣어둔 결혼식 비디오나 가족 앨범을 꺼내어, 만나기 힘든 친척이나 가족의 사진을 아이에게 자주 보여주세요. 그림이나 사진에 나오는 가족의 이름과 특징이나 재미있는 추억도 이야기해주시고, 가족들이 서로를 얼마나 아끼는지, 더불어 정답게 살아가는 것이 얼마나 아름다운 것인지도 이야기해주세요. 그러면 다음에 그분들을 만날 때 아이들의 표정이 달라질 겁니다.

사회성도 연습이다

● 땡그랑 한 푼 땡그랑 두 푼

기범이 돌잔치와 할아버지 생신 때, 어른들께서 용돈을 많이 주셨어요. 그래서 요즘은 엄마와 은행 놀이를 자주 해요. 내 상자에 종이돈이 많이 있는데 그걸 엄마의 동전들과 바꾸는 거예요. 그리고 엄마가 시장 가실 때 내가 돈을 빌려드리기도 해요. 그럴 때 엄마는 쪽지에 영수증을 써주시지요.

은행 놀이를 자주 하다 보니 이제 종이돈이 한 장밖에 남지 않았어요. 남아 있는 종이돈 한 장으로 무얼 할까요? 엄마와 의논한 끝에 저금통을 하나 사기로 했어요.

어린이 물건을 파는 가게에 갔어요. 거기에는 가방과 모자도 있고 장난감도 많아요. 나는 장난감에 정신이 팔려 있는데, 엄마가 구석에 있는 저금통을 발견하셨어요. 뺨이 발그스레하고 머리에는 리본을 단 하얀 아기 돼지 저금통이에요. 나는 이 저금통이 무척 마음에 들어서 가게 주인아주머니께 들고 가서 호주머니에 있는 돈을 내밀었어요.

"아주머니, 이 저금통 싸주세요. 돈은 여기 있어요."

"그래, 저금통 사려고? 앞으로 저금 많이 해서 부자가 되어라."

아주머니께서는 거스름돈을 많이 주셨어요. 나는 저금통에다 내가 받은 거스름돈을 차례로 하나씩 집어넣었어요. 그리고 저금통을 귀에 대고 흔들어보았습니다. 짤랑짤랑 기분 좋은 소리가 났어요.

저금통을 산 다음 엄마와 은행에 갔어요. 은행에는 커다란 숫자판이 있어요. 숫자판의 숫자가 "딩동" 하고 바뀌면, 번호표를 들고 의자에 앉아 있던 사람들이 차례로 창구로 가지요. 나도 엄마와 함께 번호표를 들고 우리 차례가 오기를 기다립니다.

"엄마, 저 사람들은 뭐 하는 거예요?"

"응, 저금도 하고 돈을 빌리기도 하지. 세금을 내러 온 사람들도 있단다. 은행은 사람들이 돈도 맡겨두고 다른 사람에게 빌려주기도 하는 곳이란다."

엄마는 지갑에서 은행에 돈을 맡겨두는 통장을 꺼내어 보여주셨어요.

"나도 내 돈을 은행에 맡길까요?"

엄마는 내게 내 통장을 가지려면, 내 이름을 쓸 줄 알아야 하고 저금통에 동전이 꽉 차야 한다고 하셨어요. 그리고 내가 신발장을 정리하거나 엄마 심부름을 잘하면 상으로 저금통에 넣을 돈을 주겠다고 하십니다. 은행에 갔다가 돌아올 때는 큰길의 건널목을 건넙니다. 은행에서처럼 "딩동" 하며 신호등의 빨간 불이 파란 불로 바뀌면 건너지요.

나는 신호등이 바뀌기를 기다리며 노래를 부릅니다.

"땡그랑 한 푼, 땡그랑 두 푼
벙어리 저금통이 어휴 무거워…."

● 이렇게 교감해요
아이에게 보람을 느낄 기회를 만들어주세요.

아이가 경제생활에 관심을 두게 해주세요. 맛있는 음식이나 물건을 살 수 있는 돈은 땀을 흘려야 생긴다는 것을 가르쳐주고, 필요한 물건을 갖는 방법과 물건을 아껴 쓰는 방법도 알아보게 하세요. 또 실생활에서 아이가 일한 뒤의 보람을 느낄 기회를 만들어주세요.

그리고 은행에 데리고 가서 그 기능과 역할을 이야기해주세요. 또 은행 외에 우리 주변의 공공장소에는 어떤 곳이 있는지도 알려주고, 공공장소에서는 차례를 지켜야 하며, 다른 사람이 일을 보는 데 방해가 되지 않도록 조용히 해야 한다는 것도 가르쳐주세요.

애착이 교감하는 뇌,
변연계를 자극한다

● 엄마 아빠 보고 싶어요

엄마가 회사에 나가시게 되었어요. 엄마는 언니 오빠들에게 글짓기를 가르치는 선생님이 되셨어요. 엄마가 일하러 가시는 동안, 나는 할아버지 집에서 살게 되었어요. 기범이는 외가에 가서 살게 되었고요. 그래도 기범이는 매일 저녁 집으로 돌아오지만 나는 토요일과 일요일에만 집으로 오기로 했어요.

"엄마, 나도 기범이처럼 매일 집에 오면 안 돼요?"

"엄마도 은이를 매일 집으로 데려오고 싶단다. 하지만 할아버지 댁이 너무 머잖아. 자동차를 타도 한 시간이나 걸리는데. 그렇다고 너와 기범이 둘 다 외가에 있으면, 외할머니께서 너무 힘드시지 않겠니? 은이야, 조금만 참아. 내년에는 좀 더 큰 집으로 이사 가서, 할아버지 할머니도 모셔오고, 우리 식구 모두 함께 살자. 힘들고, 보고 싶어도 그때까지만 참고 버텨보자."

이야기하는 엄마의 눈에는 어느새 눈물이 글썽글썽 맺혔어요.

"엄마, 울지 마세요. 매일 집에 못 와도, 은이는 할아버지 집에서 잘 놀고 있을게요."

"그래, 사촌 언니 오빠가 있으니 재미있을 거야. 어른들도 잘 보살펴주실 거고."

엄마와 아빠는 내 옷과 인형, 책과 장난감, 도구 상자를 큰 가방에 싸서 차에 실으셨어요. 그리고 나를 할아버지 댁으로 데려다 주셨어요. 할아버지 댁에서는 나는 짐은 혜인 언니 방에 두고, 잠도 혜인 언니와 같이 자기로 했어요.

할아버지 댁에는 식구가 많아요. 그래서 방도 많아요. 나는 할아버지 댁에 가자마자 이 방 저 방 방문을 열어보고 장롱문도 한 번씩 열어보았어요.

할아버지께서 문 뒤에 숨어 계시다가 "어흥!" 하셨어요. 할아버지께서는 아빠처럼 나를 번쩍 안아 목마를 태워주셨어요. 할머니께서는 먹을 것을 많이 주셨어요. 할머니께서는 마음씨가 좋으시지만 어떨 땐 참 무서워요. 내가 사탕을 많이 먹으려고 하면 엉덩이를 때리신답니다. 큰아버지와 큰어머니께서는 농사를 짓느라 바쁘세요.

사촌오빠와 언니가 학교에 갔다가 돌아왔어요. 지웅이 오빠는 3학년인데 무척 개구쟁이고, 혜인 언니는 1학년인데 무척 착하답니다.

언니 오빠와 놀다 보니 오늘 하루가 금방 가버렸어요.

밤이 되니 잠이 안 와요. 나는 할머니를 졸라 엄마 아빠가 오시나 밖에 나가보았어요. 한밤중에도 잠이 안 와 마루에 나가 앨범을 보았습니다. 앨범에는 엄마 아빠의 결혼식 사진과 기범이와 나의 백일 사진이 있어요. 나는 앨범 속의 사진들을 보다가 마루에서 잠이 들어버렸어요.

🗨 이렇게 교감해요
당당하게 자라야 한다고 북돋워 주세요.

요즘은 맞벌이하는 부부가 많으므로 아이를 조부모나 남에게 맡겨야 할 경우가 많은데, 이 경우 아이들은 엄마와의 접촉이 부족하여 정서불안이 되기 쉽습니다. 이는 수면 부족, 식사습관의 변화, 질병, 발육 지체, 대인관계의 소극성, 난폭함이나 집중력 결여 등으로 나타난다고 합니다.

이런 문제를 최소화하려면, 우선 엄마 대신 아이를 맡는 사람이 엄마처럼 아이와 따뜻하고 활발한 접촉을 해줘야 합니다. 그리고 같이 있을 때 더욱 정성 들여 안아주고 대화를 나누며 부족한 애정을 보충해주세요. 좀 자라면 아이는 엄마가 자기와 함께 있지 않은 것에 대해 노골적으로 불만을 표시할 수도 있습니다.

아이에게 엄마가 왜 직장에 나가는지에 대해 알아들을 수 있게 설명하고, 아이가 웃으며 고개를 끄덕일 때까지 이해시켜주세요. 그리고 엄마의 취업은 정당한 것이며, 엄마가 늘 곁에 없더라도 당당하게 자라야 한다고 북돋워 주세요. 또 엄마 아빠가 자신을 사랑하며 항상 관심을 가지고 지켜보고 있다는 것을 계속 인식시켜주세요. 단, 그것이 지나쳐 동정심이나 과잉보호로 표현되어서는 안 됩니다. 그러면 직장을 얻는 대신 자식 교육은 실패하게 됩니다.

맞벌이를 하더라도 성공적인 경우에는 아이를 자립적이고 창의적인 사람으로 자라게 할 수도 있어서, 성 역할에 대한 인식도 균형이 잡히며 여자아이들은 성취동기도 높아진답니다. 요컨대, 어떤 상황에서든 아이를 어떤 자세로 키우느냐가 문제인 것입니다.

● 교감육아 Guide ⑤
엄마의 맞벌이

아이는 한두 살일 때는 엄마와 떨어지기 싫어하고 엄마를 간절히 필요로 하다가, 서너 살이 되면 어느 정도 엄마와 독립하고 싶어 합니다. 그러므로 엄마는 그 후에 직장으로 돌아가는 것이 좋겠지요. 그러나 현실적인 여건은 이 정도로 장기간의 휴직을 허락하지 않습니다. 제도나 법적인 면에서 배려가 시급하지만, 그렇지 않은 것이 현실입니다.

엄마가 맞벌이를 하면, 아빠의 역할이 더 중요해집니다. 취업주부들은 직장, 자녀 양육, 집안 살림 등 몇 겹의 노동에 시달리고 있기 때문에, 아빠의 적극적인 가사 참여와 공동 육아가 필요합니다.

1. 조부모에게 아이를 맡기는 경우

- 아이가 엄마 아빠 외에도 자신을 사랑해주는 사람이 많다는 것을 늘 느끼는 것은 정서 발달에 아주 좋습니다. 그러나 엄마와 떨어져서 조부모의 손에 자란다면 문제가 다르지요. 엄마의 입장에서는, 남에게 맡기는 것보다 좋겠지만, 서로 다른 육아 감각을 가진 세대가 만나야 하는 부담이 있지요.
- 그러므로 아이를 맡길 때는 아이의 식사 습관, 질병과 응급 시의 조치법, 행동 지도 등 양육 방법에 대해 부모님과 대화를 나누고

합의해서, 아이를 일관된 원칙과 방법으로 대할 수 있도록 하세요.
- 육아의 책임과 주도권은 엄마에게 있다는 것을 늘 인식하고 부모님께 양육의 책임을 전적으로 떠맡기진 마세요. 부모님과의 사소한 견해차는 살아온 시대와 환경의 차이에 의해 불가피하게 생긴 것이라고 이해하고 넘어가세요.
- 시부모님께 아이를 맡기는 경우 남편은, 자신은 핏줄이므로 느끼지 못하는 부담을 며느리인 아내는 느낄 수 있음을 이해하고 문제가 생기면 중재자 역할을 할 수 있어야 합니다.

2. 조부모 아닌 다른 사람이나 탁아시설에 아이를 맡기는 경우

- 아이를 맡는 사람이 엄마처럼 아이와 접촉과 교류를 많이 갖도록 신경을 써주세요. 아이 키우는 방법에 대해 상세한 사항까지 지침을 만들어주고 대화를 많이 해야 합니다.
- 탁아시설은 아이 수보다 보육자의 수가 많은 곳이 좋습니다. 또 실내 공간은 충분히 밝고 따뜻한지, 실외 놀이 공간은 충분하고 안전한지 등을 살펴보세요. 또 시설의 담당자와 인간적으로 원만하게 지내며 아이의 생활에 대해 의견을 자주 나눌 수 있어야 합니다.
- 아이를 맡길 때는 무엇보다도 아침 식사를 꼭 챙겨 먹여 보내세요. 어린아이들은 엄마와 떨어지면 우선 식사 문제에서 거부 반응을 보이는 경향이 있습니다. 그런데 아무리 우수한 보육 기관

이라도 집에서처럼 아이를 챙겨 먹일 수 없고 가족이 함께 있는 즐거움을 줄 수는 없습니다. 항상 그것을 기억하며 아이에게 미흡한 부분을 채워주세요.

3. 안전사고에 대한 대비

- 엄마가 직장에 나가면 아이들은 실수를 잘하고 안전사고가 잘 일으킵니다. 이는 감독이 소홀한 탓도 있지만, 엄마의 관심을 끌려고 일부러 그런 경우도 있습니다.
- 아이를 맡기는 곳에 위험한 물건이나 약품, 공간이 없는지 미리 살펴보세요. 그리고 아이에게 밖에 나갈 때는 어른에게 알리고 반드시 어른과 함께 가야 한다고 일러주세요.
- 엄마가 직장에 나가면 아이가 군것질도 많이 하게 되므로 불량식품에 대한 주의도 시켜두어야 합니다.

소통 그리고 교감의
전제 조건

● 내 생일

오늘은 아침에 미역국과 찰밥을 먹었어요. 내 생일이거든요. 이제 나는 만 네 살이 되었어요.

"할머니, 왜 생일에는 미역국과 찰밥을 먹어요?"

"미역국은 피를 맑게 하는 음식이고, 찰밥은 속이 든든해지는 음식이거든. 예로부터 우리 조상들은 이것들을 귀한 음식이라 여겼단다. 특히 엄마가 아기를 낳고 나면 이것을 꼭 먹는데, 엄마가 너를 낳느라 고생한 것을 기억하라고 네 생일에 다시 먹는 거야."

낮에는 골목길에서 혜인 언니와 놀고 있는데, 우체부 아저씨께서 오토바이를 타고 오셨어요.

그런데 우체부 아저씨께서 우리 집 앞에서 오토바이를 멈추고는

"나은이 씨!" 하고 부르시지 않겠어요! 나는 깜짝 놀라 "네" 하며 우체부 아저씨께 갔어요.

"제가 나은이인데요."

"응, 네가 나은이니? 네 앞으로 소포가 왔구나."

그 때 할머니께서 나오셨어요. 우체부 아저씨에게서 소포를 받아든 할머니는 "네 엄마가 보냈구나" 하고 말씀하셨어요. 집으로 들어와 소포를 뜯어보니 그 안에는 빨간 상자가 하나 들어 있어요. 소포의 겉봉에는 주소가 씌어 있어요.

"할머니, 여기 뭐라고 씌어 있어요?"

"어디 보자. '받는 사람, 경상북도 경산시 자인면 100번지, 나은이. 보내는 사람, 대구시 동구 행복동 200번지 아빠 엄마.' 이렇게 씌어 있구나."

할머니께서 천천히 주소를 읽어주셨어요. 빨간 상자를 열어보니, 거기에는 반짝거리는 조그마한 은빛 하모니카와 '은이의 그림일기'라고 쓰인 작은 스케치북이 있어요. 그리고 카드 한 장이 있군요. 카드에는 색실로 '은이야, 사랑해' 라는 글자가 수놓아져 있고, 안에는 편지가 들어 있어요.

할머니께서 그 편지를 읽어주셨어요.

"사랑하는 은이야, 엄마 아빠와 헤어져 있으니 많이 보고 싶지? 엄마 아빠도 네가 무척 보고 싶단다. 네 생일에도 엄마 아빠가 일 때문에 못 가는구나. 대신 생일 선물을 보낸다. 엄마 아빠가 보고 싶으면 하모니카를 불어라. 그리고 그림일기에 그림을 그리렴. 거울을 보고 '나는 누구일까요?' 생각하며 네 모습도 그려보렴. 엄마가 그림일기 안에다 생활계획표를 만들 수 있는 시계도 넣었으니 완성해보렴. 생일 축하한다. 주말에 만나자. 사랑하는 엄마 아빠가."

나는 엄마 아빠의 선물들을 다시 상자 안에 담았어요. 그리고 상자를 가슴에 안고 내 방으로 와 거울을 보며 '나는 누구일까요?' 하고 생각해봅니다.

"나는 나은이이다. 나는 만 네 살이다. 나는 동생이 있다. 나는 그림 그리기를 좋아한다."

그리고 저녁에는 혜인 언니와 함께 생활계획표를 만들었어요.

💬 이렇게 교감해요

자신에 대해 생각해볼 기회를 만들어주세요.

아이가 네다섯 살이 넘었다면, 생일에 자신이 누구인지 생각해볼 수 있는 특별한 선물을 준비해보세요. 그림 일기장을 선물해서 일기 쓰기에 대한 이야기도 해주고, 생활계획표도 만들어보도록 도와주세요. 생활계획표는 마분지에다 색종이, 숫자와 그림스티커나 크레파스로 꾸며서 만들면 되겠지요. 그래서 아이 스스로 자신의 일과를 그림으로 표현해서 방에 붙여놓게 하세요.

가족들이나 아이의 친구들이 모이는 자리가 있다면, "나는 누구일까요?"라는 주제로 돌아가면서 이야기해보는 시간도 마련해보세요.

또 생일 기념으로 스스로 할 수 있는 일을 한 가지쯤 선택하여 아이에게 계획을 세우고 완수하는 경험을 하게 하는 것도 좋습니다.

행복한 리더로
키우려면

● 물에 젖은 스케치북

마루에 앉아 혜인 언니와 함께 그림을 그립니다. 그런데 혜인 언니가 실수로 내 스케치북에 물을 엎질러서 내 그림이 그만 물에 다 젖었지 뭐예요. 애써 그린 그림인데…. 나는 화가 치밀었어요. 그래서 혜인 언니 그림에 물을 뿌렸습니다.

이제 언니도 화가 났어요. 언니와 나는 싸움이 붙어버렸어요. 엎치락뒤치락 싸움을 하다 보니 스케치북이 다 찢어지고, 옆에 있던 크레파스도 부러지고 흩어졌어요.

그때 큰어머니께서 들어오셨어요.

"얘들아, 왜 싸우니?"

"혜인 언니가 내 그림에 물을 엎질렀어요."

"일부러 그런 건 아닌데 은이가 일부러 내 그림에 물을 뿌렸어요."

"사이좋게 지내던 아이들이 왜 이러니? 혜인야, 네가 먼저 은이에게 사과해라. 일부러 그런 건 아니라도 네 실수로 은이가 애써 그린 그림을 다 버렸잖니?"

혜인 언니는 억울하다는 표정으로 "미안해"하고 사과했어요. 큰어머니께서는 내게도 말씀하셨어요.

"은이야, 언니가 실수한 거지 일부러 그런 건 아니잖아. 화가 나더라도 참고 이해해야지. 다른 사람과 같이 놀다 보면 화를 내야 할 때가 있고 참아야 할 때가 있어. 그런 걸 가릴 줄 아는 어린이가 훌륭한 어린이야. 네가 조금만 참았으면 네 그림 한 장만 버리고 끝났을 텐데…."

"저도 잘못했어요."

"알았으면 됐다. 벌로 둘이 함께 마루 청소를 해라."

그렇게 말씀하신 큰어머니께서는 물에 젖고 찢어진 스케치북을 들고 나가 마당의 빨랫줄에 너셨어요.

언니와 나는 뾰루퉁한 얼굴로 걸레를 집어 들었습니다.

"너는 이쪽을 닦아. 나는 저쪽을 닦을게."

언니는 발로 마루에 금을 긋더니 마루를 닦기 시작했어요. 나도 마루를 닦습니다.

"씽!"

나는 걸레로 바닥을 밀면서 달리기를 하다가 언니와 부딪혀서 엉덩방아를 찧었어요.

"씽!"

언니도 걸레를 들고 달리기를 합니다. 그러다 또 부딪혀서 엉덩방아를 찧었어요. 이번엔 아예 함께 걸레를 들고 술래잡기 놀이를 합니다. 언니를 붙잡으려다 언니의 얼굴을 보니 웃음이 나왔어요.

"깔깔깔!"

"호호호!"

청소를 다 했어요. 언니와 나는 수돗가에서 걸레를 빨고 나란히 머리도 감았어요. 머리를 감고 나서 언니가 내 머리를 말려주고 빗겨주었어요. 나도 언니의 머리를 말려주었어요. 아, 어디선가 시원한 바람이 산들산들 불어와요.

빨랫줄에 나란히 널린 스케치북 두 개가 바람에 하얀 걸레처럼 너풀거립니다.

🍃 이렇게 교감해요

감정을 표현하는 방법과 관용의 의미를 가르쳐주세요.

태어날 때부터 자신의 감정과 욕구를 절제하고 정확하게 표현하는 방법을 익혀서 세상에 나오는 것은 아니지요. 그러므로 여러 해가 걸리고 수백 번을 반복하더라도 아이에게 자신의 감정을 적절하고 세련되게 표현하는 방법을 가르칠 필요가 있습니다. 아이에게 자신의 감정을 이름표로 만들어 붙이게 하세요. 그리고 "화가 나면 떼를 쓰기보다는 즉시 도움을 청해라" 하는 식으로 감정을 절제하는 방법을 알려주세요.

또 화를 내기보다 양보하고 참을 때 더 나은 결과가 나온다는 것을 가르쳐주세요. 다른 사람을 방해하는 행동은 어떤 것이 있는지 알아보고, 그때 상대방의 기분이 어떨까 생각해보게 하세요. 그리고 친구에게 양보하고 서로 도움을 주고받을 때 기분이 좋다는 것을 느끼게 하여, 다른 사람의 작은 실수를 이해하고 용서할 줄 아는 관용을 가르쳐주세요.

감정 신호를 포착하는
아이로 키울 것

● 소꿉놀이

지웅이 오빠는 학교에 가고 혜인 언니는 유치원에 갔어요. 집안은 조용하고, 큰어머니께서는 방에서 바느질만 하고 계십니다. 심심해진 나는 대문 밖으로 나가봅니다. 골목 어귀에서는 여자아이 둘과 남자아이 둘이 돌 위에다 풀잎을 짓이기며 소꿉놀이를 하고 있어요.

"자, 상 다 차렸다. 여보, 밥 먹읍시다. 얘들아, 밥 먹자."

아이들은 모래로 지은 밥과 풀잎 반찬을 냠냠 맛있게 먹습니다.

"자, 이제 밥 다 먹었으니까 치우고 설거지하자."

나도 아이들과 어울리고 싶어요. 그래서 손가락을 입에 물고 옆에서 머뭇거리고 있었어요.

"너는 누구니?"

한 여자아이가 내게 말을 걸었어요. 나보다 언니 같아요. 옆에 있던 남자애가 대답했어요.

"쟤는 혜인이고, 지웅이 형 사촌 동생이야."

그 말을 듣고, 또 다른 여자아이가 잽싸게 말했어요.

"지웅이 오빠가 저번에 우리한테 개구리를 던졌지. 쟤는 끼워주지 말자."

그 말을 들은 아이들은 다시 돌아앉아 소꿉놀이를 했어요. 나는 그만 무안해서 눈물이 핑 돌았어요. 그래서 터덜터덜 집으로 돌아와 마루 끝에 앉아 있었어요.

바느질하고 계시던 큰어머니께서 나와서 내게 말을 거셨어요. 그러자 나는 눈물이 펑펑 쏟아졌어요.

"은이야, 왜 그러니?"

"애들이 소꿉놀이에 끼워주지 않아요."

"그래?"

큰어머니께서는 창문 밖으로 내다보시더니 아이들에게 말씀하셨어요.

"숙이야, 정아야, 창규야, 준형아. 은이하고도 같이 놀아라. 은이는 착한 아이란다."

그랬더니 숙이라는 언니가 "네" 하고 대답하고는 우리 집으로 와서 내 손을 잡아당겼어요.

"은이야, 같이 놀자."

"자, 이제 나가봐라."

큰어머니는 얼른 사과 한 알을 꺼내주셨어요. 나는 사과를 들고 숙이 언니의 손을 잡고 아이들에게로 갔습니다.

"아주머니, 수박 사오셨네요."

아이들은 얼른 사과를 받습니다. 그리고 수박이 잘 익었는지 살펴보듯이 사과의 한 귀퉁이를 삼각형으로 잘라서 꺼내보았습니다.

● **이렇게 교감해요**
또래와 놀 기회를 만들어주세요.

서너 살이 되어 밖에 나가 놀기 시작하면서 또래 아이들과 잘 어울리느냐, 그렇지 않으냐에 따라 아이의 사회성이 상당 부분 결정됩니다. 자기주장과 고집만 앞세우기보다 상대방에게 양보하는 상호 호혜적인 관계가 지켜져야 또래 집단에서 잘 어울릴 수 있습니다. 따라서 또래와 어울려 놀 기회가 없는 아이는 자신의 욕구에 대한 통제력은 물론 이타심과 관용, 협동심을 배우기 어렵습니다.

그러므로 아이에게 또래 아이들과 놀 기회를 많이 만들어주세요. 아이가 자발적으로 그러기를 기다리지 말고, 엄마가 먼저 아이들이 많이 모인 곳으로 데려가 친구와 놀 기회를 많이 만들어주고, 마음 맞는 친구를 사귀면 집으로 데려와 함께 놀 기회를 만들어주세요.

공감과 배려가
리더십을 키운다

● 짜장면 파티

 큰어머니의 손을 잡고 준형이 집으로 들어섭니다. 모여서 짜장면을 만들어 먹기로 했거든요.

 아이, 매워! 준형이 집 마루에 올라가니 매운 냄새가 나고 눈이 따가워요. 가만히 보니 친구들과 엄마들이 벌써 모여 눈물을 줄줄 흘리며 양파를 썰고 계시는군요. 양파를 다 썰고, 모두 두 패로 나뉘어 다른 채소를 다듬고 썰기로 했어요. 큰어머니와 나는 '감자와 파' 조에 들어갔어요.

 파를 다듬고 감자껍질을 벗겨야 해요. 큰어머니께서는 도마와 칼을 들고 와 감자를 써십니다. 감자는 작게 썰어야 빨리 익는대요.

 "큰어머니, 짜장면 만들 때는 감자를 네모로만 썰어야 해요? 동그랗게 썰면 안 돼요?"

"글쎄. 그럼 동그랗게 한번 썰어볼까?"

내 말을 들으신 큰어머니께서는 감자를 동그라미 모양으로 써셨어요. 그리고 세모 모양, 꽃 모양, 막대기 모양으로도 써셨어요. 그러자 '당근과 호박' 조의 엄마들도 당근과 호박을 갖가지 모양으로 썰기 시작하셨어요. 모두 예쁘게 만들려고 애를 씁니다. 어떤 아이들은 당근을 한 조각씩 집어먹기도 해요. 야! 우리 '감자와 파' 조가 먼저 끝났어요.

"어머, 물이 벌써 끓어요. 채소와 고기를 빨리 볶아야겠어요."

엄마들이 바빠지기 시작했어요. 엄마들은 크고 오목한 프라이팬에 기름을 두르고 채소와 고기를 지글지글 볶으세요. 그 옆에서는 물이 부글부글 끓는 커다란 솥에다 국수를 넣어 삶으시지요. 아이들은 커다란 그릇에 물을 붓고 짜장을 갭니다. 그리고 상 위에 수저도 놓고 물컵도 준비하지요.

온 집안에 맛있는 짜장 냄새가 진동해요. 우리는 군침을 삼키며 음식이 익기를 기다립니다.

드디어, 간을 보던 준형이 엄마가 말씀하셨어요.

"다 됐어요! 차례로 한 그릇씩 받으세요."

모두 줄을 서서 그릇에 국수를 한 덩이씩 받아요. 그리고 그 위에 짜장을 끼얹습니다. 아이들은 짜장면을 몇 그릇씩이나 먹었어요. 나도 두 그릇이나 먹었어요.

짜장면을 먹고 난 뒤, 과일은 욕심꾸러기 싸움대장인 종수 오빠가 나눠주기로 했어요.

과일을 먹으며 준형이 엄마가 내게 물어보셨어요.

"은이야, 우리 준형이는 네가 참 좋다더라. 너 크면 준형이 각시 할래?"

나는 얼굴이 빨개져서 "싫어요" 하고 대답했더니 엄마들이 모두 웃으세요.

"농담이고, 준형이는 너랑 친구가 되고 싶대. 사이좋게 지낼 수 있지?"

"네."

준형이는 나를 보고 부끄러운 듯이 싱긋 웃고 있어요. 그것도 모르고 저번에 때렸던 것이 미안해서 나는 손을 내밀었어요.

"준형아, 미안해. 우리 앞으로 사이좋게 지내자."

● **이렇게 교감해요**

엄마들과 아이들이 모여 공동 놀이를 해보세요.

엄마들과 아이들이 모여 함께 요리하고 식사해보세요. 그것을 통해 아이는 여럿이 일하는 즐거움을 배울 수 있어요. 집단생활에 자발적이고 적극적으로 참여하는 태도를 배우고, 다른 사람과 도움을 주고받으며 서로 협력해야 하는 일이 있다는 것도 알게 됩니다.

아이들끼리도 혼자 하는 놀이보다는 공동놀이를 자주 하게 해주세요. 공동 놀이를 통해 아이는 역할을 분배하고, 의견을 절충하고, 자기를 통제하는 것을 배울 수 있습니다. 만약 아이가 자기주장을 지나치게 내세워 놀이에 어울리지 못할 때는 꾸짖지 말고 놀이 방법을 되풀이해서 설명해주세요.

그리고 아이가 유난히 욕심이 많다면, 이렇게 여럿이 모였을 때, 분배의 주체가 될 기회를 만들어주세요. 간식이나 과일을 자신을 포함한 친구들에게 골고루 나눠주게 하고 공평하게 잘 분배하면 칭찬해주세요. 또 다른 아이가 욕심을 부렸을 때 어떤 현상이 벌어지는지도 느끼게 하여 욕구에 대한 통제력을 길러주세요.

아이는 부모의 사회성을 모방한다

● 엄마의 이름

"엄마, 일어나! 나하고 놀자."

기범이와 나는 곤하게 잠든 엄마를 흔들며 깨웠어요. 그러나 아무리 깨워도 엄마는 "응, 그래" 하고 대답만 하시고는 그냥 주무세요. 아빠가 우리에게 다가와 말씀하셨어요.

"은이야, 엄마는 추석에 일을 많이 해서 피곤하시거든. 엄마는 쉬게 해드리고 우리끼리 놀자."

기범이와 나는 할 수 없이 아빠와 함께 거실로 나왔어요.

따르르릉. 전화벨이 울려요.

"내가 받아야지."

나는 얼른 전화기를 들었어요. 전화기 속에서 어떤 아줌마의 목소리가 들려요.

"여보세요, 거기 김상화 선생님 댁입니까?"

"네?"

"엄마 안 계시니? 엄마 좀 바꿔줄래?"

나는 엄마에게 전화를 바꿔드렸어요. 전화하신 분은 엄마의 직장 친구분이시래요.

"아빠, '김상화'가 누구예요?"

"엄마 이름이야."

"나는 엄마 이름이 '제수'인 줄 알았는데. 큰아버지께서는 엄마를 '제수씨'라고 부르시잖아요."

"'여보'는 아니고? 아빠는 엄마를 '여보'라고 부르잖아. 그리고 할아버지 할머니께서는 엄마를 '어멈'이라고 부르시고, 큰어머니께서는 엄마를 '동서'라고 부르시는데."

"와, 그러고 보니 엄마 이름 참 많다."

"아빠도 그래. 아빠도 엄마는 '여보'라고 부르지. 할아버지 할머니께서는 '아범'이라고 부르시지, 너희는 '아빠'라고 부르잖아. 너도 마찬가지야. 기범이는 너를 '누나'라고 부르지?"

"아빠 이름은 '나현석'이잖아요."

"그래. 사람들에겐 하는 일이나 다른 사람과의 관계를 나타내는 이름이 있고, 자신이 세상에서 단 하나밖에 없다는 것을 표시하는 고유한 이름이 따로 있단다."

엄마가 아무래도 몸살이 나셨나 봐요. 몸에 열이 나서 얼굴이 빨잖게 되셨어요. 나는 아빠와 함께 약국에 약을 사러 갔어요. 그러나 추석이라 모두 다 집에 가고, 문을 연 약국이 없어요.

그때 순찰차를 타고 지나가시는 순경 아저씨를 보았어요. 아빠는 순경 아저씨께 물어보셨어요.

"이 근처에 문을 연 약국이 있나요? 집에 몸이 아픈 사람이 있어서 그러는데요."

그러자 순경 아저씨는 우리를 순찰차에 태워 약국으로 데려다 주셨어요. 나는 순경 아저씨께 여쭤보았어요.

"아저씨, 순경 아저씨들은 추석에 집에 안 가나요?

"응, 다른 사람들이 쉴 때 바쁜 사람들도 많단다. 대신 너의 아빠와 엄마 같은 분이 다른 일을 열심히 하면서 우리를 도와주시잖니."

"아저씨, 아저씨의 고유한 이름은 뭐예요?"

순경 아저씨는 어리둥절해하셨어요. 그걸 보고 계시던 아빠가 빙그레 미소를 지으셨어요.

🌱 이렇게 교감해요

다양한 관계에 관해 이야기해주세요.

아이에게 엄마 아빠와 집안 어른의 이름을 가르쳐주고, 사람에게는 고유한 이름 외에도 관계에 따른 다양한 역할과 직업을 나타내는 호칭이 있다는 것을 가르쳐주세요.

가족이나 주위 사람들의 직업을 알아보면서, 다양한 일에 관심을 가지고 일의 소중함을 느끼는 것도 필요하지요. 여러 사람이 일하는 곳을 방문하여 직업의 다양함을 체험하면서 모든 직업이 다 중요하다는 것을 깨닫게 해주세요. 직업에 관해 이야기할 때는, 성차별에 의한 고정관념을 갖지 않도록 해주시고, 엄마들이 하는 가사와 양육도 세상을 움직이는 데 아주 중요한 일이라는 것을 일깨워주세요.

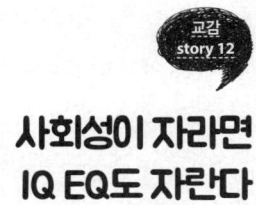

사회성이 자라면
IQ EQ도 자란다

● 나눔자리 친구들

큰아버지의 트럭이 낡은 집들이 모여 있는 골목길에 섰어요. 언니와 나를 차에서 내려주신 큰아버지께서는 파란 대문 집으로 성큼성큼 들어가셨어요. 그 집 대문에는 나무로 된 작은 간판이 하나 붙어 있어요. 언니는 그 간판에 쓰인 글씨를 천천히 읽었어요.

"나눔자리."

아침에 큰아버지께서는 트럭에 사과 상자를 실으면서, 운동회에 간다고 하셨어요. 그래서 우리도 무작정 따라나섰던 거예요. 우리는 큰아버지를 따라 그 낡은 대문을 밀치고 들어갔어요. 거기에는 뜻밖에도 넓은 마당이 있어요. 마당엔 오빠들이 족구를 하고 있고, 구석엔 작은 미끄럼틀과 그네도 있어요. 거기에는 우리 또래의 아이들이 놀고 있고, 기범이 같은 아기도 있어요.

저런, 아기가 뒤뚱뒤뚱 걸어오다 넘어졌어요. 나는 얼른 아기에게로 달려갔어요.

"내 동생 건드리지 마!"

눈을 들어보니 어떤 언니가 나를 노려보고 있어요. 그 언니는 길게 땋은 머리를 뒤로 넘기며 아기를 등에 업었어요. 그리고 내게 말을 걸었어요.

"내 이름은 보람이야. 내 동생은 아람이고. 저기 계신 분이 네 아빠니?"

보람이 언니는 큰아버지를 가리키며 물었어요.

"아니야, 큰아버지야. 난 요즘 큰아버지 댁에서 살고 있거든."

"네 엄마 아빠도 돈 벌러 간다고 도망갔니?"

"아니야! 우리 엄마 아빠는 도망 안 갔어!"

나는 보람이 언니의 말을 듣자 눈물이 났어요. 그래서 큰아버지께 달려갔어요. 큰아버지는 차에서 사과 상자를 내려 부엌으로 나르시느라 바쁘세요. 부엌에서는 아주머니들이 김이 모락모락 나는 국을 푸고 계세요. 그리고 우리보다 먼저 와서 설거지하고 계시는 큰어머니의 모습도 보여요.

점심시간인가 봐요. 족구를 하던 오빠들과 다른 아이들이 와글와글 떠들며 안으로 들어왔어요. 언니와 나도 그 아이들과 함께 밥을 먹었어요. 혜인 언니는 벌써 옆의 오빠와 친구가 되어, 숟가락을 들고 뭐라고 이야기를 하며 재잘거립니다. 잠자코 밥을 먹고 있으려니 보람이 언니가 와서 반찬을 집어주고 사과 한 알을 반으로 갈라 나에게 주었어요.

우리는 금방 친해졌어요. 보람이 언니는 자기가 만든 꽃을 보여주겠다며 나를 마루로 데려갔어요. 언니는 학교에 다녀온 뒤엔 꽃도 만들고 빈 병도 팔아서 용돈을 마련한다고 자랑하는군요.

마루의 게시판에는 여러 가지 사진이 붙어 있어요. 그중에는 아기의 사진도 있어요. 아기는 크고 동그란 슬픈 눈으로 나를 쳐다봐요. 그 사진 밑에는 조그만 통이 하나 있어요.

"언니, 이건 뭐야?"

"우리 나눔자리의 성금함이야. 우리 집 아이들은 매일 용돈을 아껴서 모으고 있어. 가난한 나라의 어린이들을 도우려고. 아프리카에는 지금 먹을 것이 모자라 굶는 어린이들이 많대. 그래서 우리가 돈을 모아 도와줄 거야."

그렇게 말하면서 보람이 언니는 호주머니에서 500원을 꺼내어 통에다 넣었어요. 나도 호주머니에 있던 동전들을 몽땅 꺼내 통에다 넣었어요.

오후에는 운동장에서 줄다리기를 한대요. 보람이 언니가 같이하자고 내 손을 잡아당겨서 나는 언니와 함께 조그만 운동장으로 나갑니다.

● **이렇게 교감해요**

엄마 아빠가 당당하게 실천하는 모습을 보여주세요

아이에게도 눈이 있고 귀가 있습니다. 우리나라의 분단이나 실직, 빈곤과 같은 문제를 감춘다고 감춰지는 게 아니지요. 어쩌면 우리 아이들이 어른이 될 때까지도 해결되지 못해, 아이들이 그런 현실과 맞닥뜨려야 할지도 모릅니다. 아이에게 엄마 아빠가 사회 문제에 관심을 두고 적극적으로 당당하게 실천하는 모습을 보여주세요. 그리고 아이가 그런 문제에 대해 질문하면, 지도와 관련된 그림책을 앞에 놓고 구체적으로 설명해주세요. 그러지 않으면 아이는 사회 문제를 운명처럼 생각하는 무기력한 개인주의자로 자랄 수도 있습니다. 또 아이들은 원래 인정이 많은데, 만약 아이가 이웃돕기 성금을 내려 하거나 장난감을 다른 사람에게 주려 하면 아까워하며 말리지 마세요. 그 몇백 배의 보상이 아이에게 돌아올 테니까요.

> **교감육아 Guide ⑥**
> **아이들의 싸움**

아이들은 잘 싸웁니다. 장난감을 가지고 놀다가 서로 뺏고 뺏기며 싸우기도 하고 발을 밟히거나 떠밀리는 등 사소한 일에도 토닥거리며 싸우지요. 유치원 때가 가장 싸움을 많이 하는 시기인데, 아이들의 싸움에 어떻게 대처해야 할까요?

1. 아이들은 싸우면서 배웁니다.

- 아이들의 싸움은, 서로의 요구가 다르거나, 집단생활의 규칙을 이해하지 못하거나, 자기 생각을 말로 잘 표현하지 못해서 일어나는 경우가 많습니다. 싸움은 놀이의 종류나 공간과도 관계가 있지요. 좁은 공간에서는 싸움이 더 쉽게 일어납니다.
- 싸우면서 아이들은 언어 구사력도 늘고 자기를 방어하거나 표현하는 능력도 발달하며 생각하는 방식도 세련되어집니다. 또 세상에는 자신과 의견이 다른 사람도 있으며 나만 옳은 것이 아니므로 자신을 통제해야 한다는 것도 배우게 됩니다.

2. 양성의 싸움 : 다른 사람에 대한 이해심과 자기 통제력을 키울 수 있도록 이끌어주세요.

- 아이들의 싸움에는 양성의 싸움과 음성의 싸움이 있습니다. 양

성의 싸움이란 사소한 데서 시작되어 한참 싸우다가 언제 그랬나 싶을 정도로 깨끗하게 끝나는 싸움을 말합니다. 친한 친구나 형제간의 싸움은 보통 이런 거죠.

- 이런 경우엔 상황 설명을 들어보고 나중에 같은 일이 되풀이되지 않도록 지도해주세요. 서로 오해가 있으면 오해를 풀도록 하고, "그럴 때는 친구의 기분을 이해해줘야지", "이때는 조금만 참았으면 더 좋았을 텐데" 하면서 다른 사람에 대한 이해심과 자기 통제력을 키울 수 있도록 해주세요.
- 또 부당하게 자기의 물건을 뺏기거나 맞았을 때는, 당하고 울기보다는 당당하게 자기주장을 해야 하며, 친구가 잘못을 뉘우치고 화해를 청하면 너그럽게 받아들일 줄도 알아야 한다고 가르쳐주세요.
- 날카롭거나 무거운 물건으로 싸우는 것은 안전상의 이유로 엄격하게 금지하고 호되게 야단쳐야 합니다.

3. 음성의 싸움 : 아이의 내면에 잠재된 욕구불만을 해소해주세요.

- 친구가 소중히 여기는 물건을 부수거나, 공격적으로 짓궂은 짓을 하여 상대방을 곤란하게 만들고는 즐거워하는 경우에 일어나는 싸움을 말합니다.
- 이런 짓을 하는 아이는, 대개 마음속에 욕구불만이 쌓여 있는 경우가 많습니다. 집에서 아이에게 지나치게 엄격하거나, 편애하거나, 엄마 아빠가 부부 싸움을 자주 하거나, 아이에게 폭력을

쓰거나 체벌을 하는 등의 문제가 있는 경우 이런 일이 많습니다.
- 이런 아이는 부모나 주위의 어른들이 따뜻하게 대해주면서, 아이의 불만이나 불안감을 해소해주어야 합니다. 만약, 이런 남자아이가 여자아이를 괴롭힌다면 중한 벌을 주어서라도 그러지 못하게 해야 합니다.

4. 형제간의 싸움 : 부모의 공정함이 중요합니다.
- 형제간의 싸움은 양성의 싸움인 경우가 대부분이며, 화해도 비교적 빠릅니다.
- 형제가 싸울 때에는 부모는 철저히 중립을 지키며 공정하게 판단해야 합니다. 부모는 아이들을 공평하게 대하고 있다고 생각하지만, 아이들은 그렇게 생각하지 않는 경우가 많습니다. 아이들은 부모의 애정에 민감하므로 다른 형제가 자기보다 편애를 받고 있다고 생각하면 비뚤어지기 쉬우며, 그것이 계기가 되어 상대방을 음성적으로 시기하고 싸우기도 합니다. 어른이 되어서도 서로 피하며 멀어진 형제들을 살펴보면, 어린 시절 부모의 편애에 대한 거부감과 형제간의 싸움에서 부모의 판단이 언제나 자기에게 불리했다는 생각이 많이 내재하여 있다고 합니다.
- 형제끼리 싸울 때는 싸움의 원인을 잘 살펴 공평한 판결을 내리세요. 때로는 무시해버리는 것도 한 방법입니다. 그러면 저희끼리 해결하게 마련이죠. 그리고 화해할 때는 부드럽고 원만하게 해결할 수 있도록 분위기를 만들어주세요.

4장
교감육아의 골든타임

브래즐턴 교감육아를
시작하자!

지금 우리가 사는 사회는 정보화 사회라고 합니다. 이런 사회에서는 머릿속에 지식을 많이 넣어서 다니는 백과사전 같은 사람보다는, 흩어져 있는 정보를 수집하고 분석하고 평가하고 활용하는 능력을 갖춘 사람이 요구된다고 하지요. 즉, 논리적·비판적·창조적으로 세상을 탐구하는 모험가가 필요합니다. 또한, 정보화 사회에서는 육체의 기술보다는 두뇌의 기술로 일하는 경우가 늘어나며, 과학적인 사고 능력도 더 필요하다고 볼 수 있습니다. 그리고 이러한 사고 능력의 바탕에는 올바른 가치관이 있어야겠지요. 자신만의 안목과 생각의 뿌리가 없는 사람은 단순한 '두뇌기술자'밖에 될 수 없을 테니까요.

이 장에서는 자연과 친해지는 놀이를 소개함으로써 아이들에게 생각하는 능력을 키워주고 자기 생각의 뿌리를 찾을 수 있도록 돕고자 합니다.

첫째, 자연은 수학적·과학적으로 생각하는 능력을 키우는데 가장 좋은 소재이니까요. 엄마들은 대개 수학이나 과학이라는 말을 들으면 골치 아파하시죠? 그것은 우리가 수학이나 과학을 실제 생활 속에서가 아니라 종이 위의 추상적인 기호로 배워왔기 때문입니다. 이와 달리 자연과 친구가 되어 놀면서 탐구한다면, 수학과 과학을 훨씬 더 재미있고 실용적으로 배울 수 있을 겁니다.

둘째, 우리 아이들이 살아갈 시대에는 자연과 살아있는 모든 것들의 생명을 지키기 위해 필사적으로 노력하는 것이 사회의 중심 과제가 될 테니까요. 부끄럽지만 이것이 우리가 우리의 아이들에게 물려주고 있는 현실입니다. 지금 자연은 오염이 된 정도를 넘어 생태계가 파괴되고 혼란된 상태입니다. 그래서 지금 지구에는 여러 가지 재앙이 일어나고 있습니다. 그것은 하루 이틀에 치유될 수 있는 것이 아니어서 21세기에는 가장 큰 위기로 나타나고 있습니다. 그러므로 미래 지구의 주인인 우리 아이들이 자신의 생활과 생명을 지키게 하려면, 어릴 때부터 길가에 있는 돌멩이 하나 풀 한 포기에도 애정을 느끼며 마음속에서부터 생명 존중의 사고를 지니도록 키워야 합니다.

이 장에서는 이러한 주제에 대해 자세히 이야기하려 합니다.

'나'를 내세우기
시작하는 때

● 우리 몸의 비밀

언니와 함께 목욕을 했어요. 목욕을 하고 거울을 봅니다. 팔은 깨끗한가? 다리는 깨끗한가? 어, 그러고 보니 팔과 다리는 양쪽이 똑같네요.

"언니야, 내 팔과 다리가 양쪽이 똑같아!"

"내 눈과 귀도 양쪽이 똑같잖아. 콧구멍도 양쪽이 똑같네."

우리는 우스워서 깔깔깔 웃었어요.

"뭐가 그리 우습니?"

큰어머니께서 들어오시며 물어보셨어요. 혜인 언니와 나는 대답했어요.

"우리 팔과 다리가 양쪽이 똑같아요. 눈과 귀와 콧구멍도요."

"그것만 똑같니? 그럼 재미있는 놀이를 하나 해보자."

큰어머니께서는 긴 끈을 두 개 가져오셨어요. 그리고 그 끈을 우리의 머리 가운데 놓고 머리끝에서 발끝까지 늘어뜨리고는, 거울을 보라고 하셨어요.

"자, 눈과 귀, 콧구멍, 팔과 다리 외에 우리 몸에서 양쪽이 똑같은 게 뭐가 있지?"

눈썹, 입술의 양쪽 끝, 손, 발, 가슴, 엉덩이. 우리 몸에는 양쪽이 똑같은 게 참 많아요.

"그래, 이렇게 우리 몸은 양쪽이 똑같지. 이런 걸 대칭이라고 한단다. 우리 주위에도 양쪽이 대칭인 물건이 많지? 그리고 대칭이 아닌 물건이라도 거울을 비추어 똑같이 만들 수 있단다."

큰어머니께서는 이렇게 말씀하시고는 색종이를 반으로 접어 가위로 잘라 종이 인형을 두 개 만들어주셨어요. 종이 인형의 눈은 종이를 반으로 접고 구멍을 뚫어서 만들고, 옷은 종이 위에 물감을 한 방울 놓고 반으로 접었다 펴서 그렸어요. 우리는 종이 인형에다 '나은이', '나혜인'라고 이름을 썼어요. 그리고 구분하기 쉽도록, 언니의 인형에는 긴 머리에 쌍꺼풀눈을, 그리고 내 인형에는 단발머리에 짱구이마를 그려 넣었어요.

큰어머니께서 다시 말씀하셨어요.

"우리 몸의 비밀 또 한 가지를 가르쳐줄까? 자기 팔, 다리, 손을 만져보자. 뼈가 느껴지니?"

"네."

큰어머니께서는 찰흙으로 인형을 만드셨어요.

"이 찰흙 인형을 세워볼까?"

그런데 찰흙 인형은 자꾸 쓰러졌어요. 그러자 큰어머니께서는 다시 이쑤시개를 넣어서 인형을 만드셨어요.

"자, 찰흙 인형을 다시 세워보자. 이번엔 섰지? 그럼, 찰흙 인형을 서게 하는 이쑤시개처럼 우리 몸을 서게 하는 것은 무엇일까?"

"뼈요."

"그렇지? 우리들의 몸속에는 206개의 뼈가 있어서 우리가 설 수 있게 해준단다."

우리는 팔다리와 손의 뼈를 다시 한 번 만져봅니다.

● **이렇게 교감해요**

몸에 대한 이해는 자신을 이해하는 데 도움이 됩니다.

아이는 자신의 몸속에 무엇이 있는지 궁금해합니다. 자기 배꼽이 신기해서 만지작거리기도 하고, 배가 올라갔다 내려왔다 하는 것을 보고 배꼽으로 숨을 쉰다고도 생각하기도 하지요. 아이의 이러한 호기심은 나는 누구인지 알기 원하는 인간 본능에서 비롯된 것입니다.

자신의 몸에 대해 이해하여 몸에 대한 궁금증을 풀어줄 수 있는 놀이를 해보세요. 놀이를 통해 아이는 모든 사람의 몸은 비슷한 구조로 되어 있고 조금씩 다를 뿐이며, 자신이 독특하게 생겼다는 것도 알게 됩니다. 그래서 자신이 보통 사람인 동시에 이 세상에 단 하나밖에 없는 존재이며, 물리적으로 공간을 차지하는 실체라는 것을 알게 됩니다. 이러한 과정을 통해 아이는 긍정적인 자아를 확립하고 다른 사람을 존중할 수 있는 가치관을 세우게 됩니다.

'나'에게 반응하는 연습

● 예방주사

할아버지 댁에서 점심을 먹고 있는데 엄마가 오셨어요. 토요일도 아닌데 나를 데리러 오셨나 봐요. 나는 좋아서 허둥지둥 가방을 챙기며 집에 갈 준비를 했어요.

그런데 엄마는 내 겉옷의 단추를 채워주며 말씀하셨어요.

"은이야, 오늘은 병원에 예방주사를 맞으러 가는 날이야. 집에 갈 때 병원에 들렀다가 가자."

나는 금방 울상이 되었어요.

"엄마, 주사 안 맞으면 안 돼요?"

"은이야, 주사를 맞을 땐 따끔하고 아프지? 하지만 주사를 맞고 나면 우리 몸에 나쁜 병균과 싸울 힘이 생겨서 큰 병에 걸리는 것을 막을 수 있단다. 오늘 맞으러 가는 주사는 소아마비 예방주사인데, 소아마비란 어린이들이 팔다리가 아파서 움직이지 못하는 무서운 병이란다. 그런 병에 걸릴까 봐 걱정하는 게 낫겠니? 아니면 주사를 맞고 건강하게 뛰어노는 게 낫겠니?"

"주사를 맞고 건강한 게 나아요."

결국, 나는 엄마와 함께 병원으로 갔습니다.

병원에 가니 아기와 엄마들이 많아요. 주사를 맞으려고 기다리는데 옆방에서 아이들의 목소리가 들리는군요. 거기에 가보니, 내 또래의 어린이들이 몇 명 있고 플라스틱으로 된 미끄럼틀과 의자도 있어요. 나는 아이들과 어울려 "씽!" 하며 미끄럼틀을 타고 놀았어요.

한참 놀고 있는데 "나은이 어린이!" 하면서 간호사 선생님께서 내 이름을 부르셨어요. 나는 달려가서 키하고 몸무게를 쟀어요.

"키는 104cm, 몸무게는 16kg!"

엄마는 내가 지난여름보다 키도 더 자라고 몸무게는 더 늘었다고 기뻐하셨어요. 그리고 내 키와 몸무게를 '얼마나 자랐나?' 수첩에 적으면서 보여주셨어요. 그 수첩에는 아기 때부터 지금까지의 내 키와 몸무게가 적혀 있고, 키와 몸무게를 잴 때 찍은 사진도 붙어 있어요. 엄마는 오늘 집에 가면 그 수첩에다 내 얼굴도 그려 넣어놓자고 말씀하셨어요. 그다음엔 의사 선생님께 진찰을 받았어요.

드디어 주사를 맞는 방에 갔어요. 거기에는 간호사 선생님께서 뾰족한 주사기를 들고 앉아 계셨어요.

"나은이 어린이, 왼쪽 팔을 걷으세요."

주사를 맞을 땐 아파서 하마터면 울 뻔했어요. 하지만 금방 괜찮아졌어요. 소아마비라는 무서운 병에 걸리지 않게 된다니 이제 안심이 돼요. 나는 간호사 선생님께, "고맙습니다. 안녕히 계세요!" 하고 큰 소리로 인사를 드렸어요.

"정말 다 컸네!"

간호사 선생님께서는 나를 보며 대견하다는 듯이 큰 소리로 웃으셨어요.

🗨 이렇게 교감해요
병원에 가는 것을 성장 확인 기회로 삼으세요.

어떤 이유로든 병원에 가는 건 누구나 싫어하지요. 병원에 갈 때는 아이에게 그 이유를 이해할 수 있게 설명해주세요. 그러면 아이도 마음의 준비를 하며 두려움을 이길 수 있습니다. 그리고 여러 가지 즐거운 일을 함께 준비해서 병원에 가는 것을 재미있는 과학과 수학 공부 시간으로 만들어보세요.

아이는 빨리 자라고 싶어 하며, 그것을 확인하면 몹시 기뻐합니다. 그래서 자신의 신체 치수를 재거나 다 컸다는 소리를 듣는 것을 좋아한답니다. 병원에 가기 전에 아이와 함께 아이의 성장 기록 수첩이나 앨범을 만들어보세요. 집에서 벽에다 키를 재고 날짜를 표시하거나, 저울 읽는 법을 가르쳐주고 몸무게를 재어 막대그래프로 그려보게 하세요. 또 발 크기나 몸의 다른 부분의 둘레, 체온과 맥박 등도 함께 기록해두어도 좋습니다. 이런 것들을 사진이나 그림을 첨부하여 수첩에 적는 일은 아이에겐 아주 즐거운 놀이가 됩니다.

아이는 감각 자극을 기억한다

● 보기만 해서는 알 수 없어요

밖에서 놀다가 들어오니 목이 말라서 부엌으로 갔어요. 부엌 식탁에는 주전자가 있어요. 뚜껑을 열어보니 노란 유자차가 들어 있네요.

"유자차를 마셔야지. 설탕을 넣어서 먹어야겠다."

주전자에 담긴 차를 찻잔에 붓고 설탕을 찾아보았어요. 식탁 한구석에 조그만 단지가 있어요. 뚜껑을 열어보니 하얀 가루가 들어 있네요. 나는 가루를 한 숟가락 듬뿍 떠서 차에 넣고는 휘휘 저었어요.

"자, 그럼 마셔볼까? 이왕이면 멋있게 마셔야지."

나는 어른들처럼 찻잔에 접시를 받쳤어요. 그리고 찻잔의 손잡이를 잡고 멋있게 한 모금 마셨어요.

"우웩! 무슨 맛이 이래?"

그때 큰어머니께서 부엌에 들어오셨어요.

"아니, 은이야, 뭐하니? 유자차를 마시고 있었니? 저런, 소금을 넣었구나."

"설탕인 줄 알았는데…."

"그건 소금이야. 설탕과 모양이 비슷하지? 혀로 맛을 봐야지. 눈으로는 구별하기 힘들단다."

큰어머니는 찬장에서 노란 물이 담긴 병 두 개를 꺼내셨어요.

"자, 이걸 한번 맛보렴."

"이건 식초네요. 신맛이 나요."

"그다음엔 입을 헹구고 다른 걸 맛봐라."

"이건 느끼하고 이상한 맛이 나요. 뭔데요?"

"식용유야. 식초와 식용유도 눈으로 보기엔 비슷해도 혀로 맛을 보니 서로 다르지?"

"큰어머니, 그럼 눈으로는 맛을 모르고 혀로만 맛을 아나요?"

그러자 큰어머니는 내게 손거울을 보여주셨어요.

"자, 이 손거울로 혓바닥을 한번 보렴. 좁쌀처럼 생긴 도톨도톨한 작은 돌기가 많이 있지? 그게 맛봉오리야. 이 맛봉오리로 우리는 짠맛, 신맛, 단맛, 매운맛, 쓴맛과 같은 여러 가지 맛을 느낀단다. 그러나 혀는 어떤 것이 위험한지 아닌지는 구별하지 못하지. 그러니까 어른들이 없을 때 아무거나 함부로 먹으면 안 된단다. 위험한 약일 수도 있거든."

"알아요. 저번에 약을 사탕인 줄 알고 먹으려고 해서 엄마가 주의를 많이 주셨어요."

"그러면, 이 맛없는 유자차는 치우고 밥 먹어라. 배고프지?"

큰어머니께서는 식탁에 밥을 차려주셨어요. 나는 혀의 맛봉오리를 입술에 대며 맛있게 밥을 먹었습니다.

● **이렇게 교감해요**

오감으로 느끼면서 먹도록 하세요.

유아기에는 보고, 듣고, 만지고, 냄새 맡고, 맛보는 감각 체험이 중요합니다. 아이에게 우리 몸에는 여러 기관이 있으며 그 기관들이 하는 일이 각기 다르다는 것을 가르쳐주세요. 또 우리는 감각 기관을 통해 사물의 차이를 식별하며, 사물에 대한 정보를 알 수 있다는 사실도 가르쳐주세요.

특히 음식과 관련된 활동은 일상적이면서도 즐겁고, 오감을 다 사용하기 때문에 많은 것을 공부할 수 있습니다. 아이와 함께 음식을 먹을 때는 눈으로 보고 즐기고 냄새 맡으며 맛을 느끼도록 하세요. 그리고 혀 그림을 보여주며 부분마다 느끼는 맛이 다르다는 것을 알려주고, 아이에게 다양한 맛을 볼 기회를 많이 만들어주세요.

관찰은 생각을 영글게 만드는 시간

● 아기 금붕어

할아버지께서 물고기 세 마리를 사오셨어요. 빨간 옷을 입은 아기 금붕어들이에요.

금붕어의 집을 만들어야겠어요. 어항이 없으니까, 우선 안 쓰는 아기 욕조에다 만들까요? 할아버지께서는 아기 욕조에다 모래를 한 사발 부으시고 예쁜 돌과 물풀도 넣으셨어요. 우리는 금붕어에게 꼬마 화분과 플라스틱으로 된 장난감 집을 선물하기로 했어요. 그러고 나서, 어제 물통에 담아 놓았던 물을 욕조에다 가득 부었어요. 이제 금붕어의 집이 다 꾸며졌어요.

"자, 이제 금붕어를 넣자."

우리는 욕조 가에 둘러앉아 금붕어를 들여다봅니다.

"할아버지, 금붕어는 무엇을 먹고 살아요?"

"물벼룩이나 지렁이, 물이끼 같은 것을 먹고 살지. 그리고 가게에서 파는 먹이도 먹는단다."

나는 욕조를 들여다보며 제일 작은 금붕어에게 말을 겁니다.

"아기 금붕어야, 지금 뭐하니?"

아기 금붕어는 신 나게 헤엄을 치다가 숨바꼭질을 하는군요. 어, 금붕어가 화분 안에 숨었어요. 까꿍, 다시 나왔네요.

"금붕어는 헤엄을 참 잘 쳐요."

"금붕어에게 지느러미와 꼬리가 있지? 그것이 헤엄을 잘 칠 수 있도록 도와준단다."

"나도 꼬리와 지느러미가 있으면 헤엄을 잘 칠 수 있을 텐데…."

"대신 너는 팔과 다리가 있잖아. 금붕어는 팔과 다리가 없어서 걸어 다니지 못하잖니."

그러자 혜인 언니가 말했어요.

"인어공주도 꼬리가 있어서 헤엄을 잘 쳐요. 하지만 다리가 없어서 걸어 다니지는 못해요."

나는 또 할아버지께 여쭤보았어요.

"할아버지, 금붕어는 입과 눈은 있는데 코가 없어요."

"금붕어에게는 코 대신 아가미가 있어서 거기로 숨을 쉬지."

"할아버지, 금붕어는 어디에서 왔어요?"

"강에서 왔지. 거기가 고향이란다."

"그럼 엄마 금붕어도 거기에 있겠네요."

우리는 종이 위에 금붕어를 그렸어요. 금붕어의 머리와 몸통과 꼬리와 지느러미를 그리고 눈과 입과 아가미도 그려 넣었어요.

혜인 언니는 물속에서 금붕어와 놀고 있는 인어공주도 그렸어요. 나는 아기 금붕어가 강으로 돌아가 엄마 금붕어를 만나 재미있게 노는 그림을 그렸습니다.

🗨 이렇게 교감해요
동물을 길러보는 경험을 갖게 해주세요.

집에서 애완동물을 기르는 것은 아이에게 신비함과 기쁨을 줍니다. 동물을 보살피고 먹이를 주면서 아이는 동물이 살아가기 위해서는 반드시 필요한 게 있다는 것을 알게 됩니다. 또 생물이 무생물의 차이를 알게 되고 보살핌은 생물의 기본적 요구라는 것도 알게 됩니다. 이러한 과정은 아이에게 과학적 사고의 기본 경험을 제공합니다. 동물 세계를 사랑하면서 아이는 생명의 존귀함과 환경의 중요성도 이해하게 됩니다.

관찰일기는
지능 프로파일

● 창가 식물원

창으로 바람이 살랑살랑 불어 들어와요. 나는 나지막한 창턱에 팔을 괴고 있어요. 창턱에는 갖가지 화분이 줄지어 놓여 있어요. 진짜 꽃이 피어 있는 화분도 있고, 우유갑에 색칠하여 만든 화분도 있어요. 우유갑 화분은 지웅이 오빠 거예요. 그 화분에는 모두 노란 팻말이 붙어 있는데, 흙만 담겨 있고 싹이 난 것은 별로 없어요. 지웅이 오빠의 화분은 그것뿐이 아니에요. 플라스틱 음료수병에 흙을 담아서 콩을 심어놓은 것도 있고, 유리컵에 철사를 걸쳐서 양파를 얹어놓은 것도 있어요. 또 오늘 아침에는 창문 위에다 종이 손수건을 넣은 비닐 주머니를 주렁주렁 매달아 놓았다니까요.

나는 그 비닐 주머니에 무엇이 들었는지 궁금해졌어요. 그래서 의자를 딛고 창턱으로 올라갔어요.

쨍그랑. 내 발밑에서 무언가가 넘어지는 소리가 났어요. 저런, 양파 컵이 쓰러졌군요. 컵 안에 담겼던 물이 쏟아지고, 푸른 줄기가 뿔처럼 돋은 양파는 방바닥으로 데굴데굴 굴러떨어졌어요. 나는 창턱에서 내려와 컵을 세우고 양파를 조심스레 컵에 다시 걸쳐놓았어요.

이튿날, 지웅이 오빠가 화가 나서 씩씩거리며 소리쳤어요.

"누가 내 양파 컵을 엎질렀지?"

"어제 내가 엎질렀어."

"물을 엎질렀으면 다시 부어 놓아야지, 물이 없으면 양파 싹이 죽어버리잖아."

"왜 물이 없으면 양파 싹이 죽어?"

"식물은 물 없이는 살 수가 없어. 물이 없으면 영양분을 만들 수 없어서 죽는단 말이야."

나는 오빠에게 미안하다고 사과했어요. 그리고 궁금했던 것을 물어보았어요.

"오빠, 창가에 매달린 이 비닐 주머니는 뭐야?"

"해바라기 씨앗을 담아 둔 것이야. 물에 적신 종이 손수건과 함께 씨앗을 비닐 주머니에 넣어놓고 며칠 있으면 싹이 나고 자라는 것을 볼 수 있어. 비닐 주머니는 투명하니까 주머니 밖에서 뿌리와 줄기가 자라는 것을 볼 수도 있고 자로 잴 수도 있단다."

"그럼 이 플라스틱 음료수병에 있는 것들은 뭐야?"

"응…. 모래, 화분의 흙, 학교 운동장의 흙, 진흙이 차례로 담겨 있고, 콩이 심어져 있어. 매일 물을 주면서 식물이 자라는 데 어떤 흙이 제일 좋은지 찾는 거야. 그리고 이 우유갑 화분들에는 옥수수 씨앗을 심어놓았어. 앞으로 싹이 나면 한 개는 캄캄한 신발장 안에 넣어두고, 한 개는 커다란 비닐봉지 안에 넣어둘 거야. 그리고 나머지 두 개는 여기 두고 그중 하나는 물을 주지 않을 거야."

"왜?"

"식물이 자라는 데는 빛, 물, 흙, 공기, 이 네 가지가 꼭 필요하거든. 그중 한 가지라도 빠지면 어떻게 되는지 보려고 실험하는 거야."

지웅이 오빠는 신이 나서 열심히 설명해주었어요. 그리고 식물 기르기 일기와 그래프와 표가 적힌 공책도 보여주었어요. 나는 지웅이 오빠가 위대한 과학자처럼 보였어요.

💬 이렇게 교감해요
아이에게 식물을 길러보게 하세요.

아이들은 식물의 세계를 좋아합니다. 식물이 자라고 꽃이 피는 것을 보면서 움직이지 못하는 식물에도 생명이 있다는 것을 어렴풋이 느끼고, 콩을 심으면 콩이 나듯이 생물은 같은 종류의 생물을 번식시킨다는 것도 알게 됩니다. 그러나 콩이 다시 콩을 생산하는 것과 같은 식물의 한살이에 대한 법칙은 직접 콩을 싹 틔우고 길러봐야 알게 됩니다.

아이에게 식물을 길러보게 하세요. 화분이든, 병이든, 마당 한구석의 꽃밭이든 어디든 좋습니다. 씨앗이 싹트고 자라는 과정을 관찰하고 측정하고 기록하는 활동을 통해 식물이 필요로 하는 것이 무엇인지 알게 되고, 그것을 돌보는 책임감도 기를 수 있습니다.

식물을 기르려면 몇 분씩이라도 매일매일 돌보는 정성이 필요하고 결과를 확인하는 데 시간이 걸리므로, 짧은 시간에 싹 틔울 수 있고 관찰하기 쉽도록 배려해주세요. 또 곰팡이가 생기는 것을 방지하려면 4L의 물에 한 티스푼의 표백제를 푼 용액에다 주머니에 넣을 씨앗을 씻고, 씨앗을 병이나 컵에다 심을 때는 벽에 붙여 심어야 관찰하기 쉽습니다.

피아제처럼,
놀이로 지능 계발하기

● 단풍잎, 은행잎

감나무 잎이 붉게 변하더니 하나둘 떨어지기 시작했어요. 언니와 나는 마당을 뛰어다니며, 바람이 불 때마다 하늘하늘 떨어지는 나뭇잎을 주웠습니다.

그러자 마당을 쓸고 계시던 할아버지께서, "뒷산에 낙엽 주우러 가자"며 우리를 부르셨어요.

"할아버지, 낙엽이 뭐예요?"

"나뭇잎이 늙어서 떨어진 거란다. 나뭇잎도 사람처럼 늙으면 힘이 없어져서 저절로 땅으로 떨어지지."

"그런데 왜 이렇게 색깔이 변하는 거예요?"

"가을이 되면 추워서 나뭇잎이 양분을 만들지 못한단다. 양분을 만들지 못하면 늙어서 얼굴색이 변하는 거야. 그건 사람도 마찬가지란다."

언니와 나는 손을 잡고 할아버지를 따라갑니다. 산으로 가는 길에 노란 반달 같은 낙엽들이 있어요. 할아버지께서 그건 은행나뭇잎이라고 가르쳐 주셨어요. 더 올라가니 빨간 아기 손바닥처럼 생긴 나뭇잎도 있어요. 그건 단풍잎이래요. 언니와 나는 예쁜 낙엽을 누가 더 많이 줍나 내기를 했어요.

"저기 저 나무는 왜 낙엽이 지지 않나요?"

"그건 사철나무야. 나무 중에는 날씨가 추워져도 낙엽이 지지 않는 나무도 있단다."

"할아버지도 저 사철나무처럼 늙지 마세요."

듣고 있던 혜인 언니가 말했어요. 집에 와서 언니와 나는 산에서 주운 낙엽을 방바닥에 늘어놓았어요.

"자, 누가 더 많이 주웠는지 세어보자. 하나, 둘, 셋, 넷. 은이는 네 개, 혜인은 열 개. 혜인이 더 많이 주웠네. 은이는 호기심이 많아서 할아버지한테 이것저것 물어보느라고 조금밖에 못 주웠지? 자, 그럼 한번 볼까? 낙엽들이 얼마나 예쁜가?"

할아버지는 돋보기를 쓰고 낙엽들을 들여다보셨어요. 나도 돋보기로 낙엽을 들여다보았어요. 그런데 낙엽 속에도 할아버지 손바닥처럼 굳은살과 실핏줄이 있네요.

나는 내가 모은 나뭇잎들을 엄마에게 드리려고 책갈피에 곱게 끼워두었어요.

💬 이렇게 교감해요

계절을 상징하는 자연물을 수집해보세요.

계절이 바뀔 때면 가까운 공원이든 대학교 교정이든 야외로 나가 자연의 변화를 관찰하면서 사계절이 있다는 것과 계절의 특징을 이야기해주세요. 돋보기, 카메라, 스케치북도 가져가서 보고 느낀 것을 옮겨 담아둔다면 계절의 정감도 느끼면서 재미있는 과학여행을 할 수 있겠지요.

또 주제를 정해서 나뭇잎이나 돌 같은 것을 모아보세요. 아이들은 대체로 수집하는 것을 좋아합니다. 평소에도 인형이나 우표, 카드나 구슬 같은 자질구레한 것들을 모아서 가지고 놀지요. 이렇게 놀면서 모은 물건들을 크기·모양·색깔 등 특성에 따라 분류하는 것도 수학적 사고 훈련이 됩니다. 이렇게 아이들의 수집활동은 분류·수 세기 등의 수학적 개념을 익히는 데 많은 도움이 되므로 적극적으로 장려해주세요.

● 교감육아 Guide ⑦
생활 속의 수학 놀이

1. 엄마 아빠와 집안일을 하면서

- 간단한 요리를 만들면서 재료의 종류와 양, 굽는 시간 등을 관찰하며, 측정과 시간 개념을 배웁니다. 상을 차릴 때, 수저를 놓으며 1대1 대응을 배우고, 국그릇과 밥그릇을 놓으며 수 세기를 연습합니다.
- 모양에 따라 음식을 분류하고 반찬 통 뚜껑을 맞추며, 형태·비교·분류에 대해 배우고, 여러 가지 모양으로 과일을 잘라보며 수와 도형에 대해 배웁니다.
- 빨래를 개면서 분류하기를 익히고, 양말을 짝지으며 1대1 대응을 배웁니다.

2. 앨범을 보면서

- 가족사진 밑에 이름, 나이, 성별, 키, 특징, 좋아하는 것 등을 적고 분류해봅니다.
- 자신의 앨범에 성장기록을 적거나, 자신의 명찰을 만들고 집 주소와 전화번호 등을 적으면서 숫자 공부를 할 수 있습니다.

3. 시계를 보면서

- "10분 뒤에 먹자"와 같은 말을 통해 시간 개념을 형성합니다.
- 시계 보는 법을 배우고 좋아하는 텔레비전 프로의 시작 시각을 알아봅니다.
- 타이머로 일상생활의 동작에 걸리는 시간을 측정해 봅니다. 무릎치고 손뼉 치기를 1분에 60번 하는 놀이를 통해 시간 감각을 익힐 수 있습니다.

4. 산책하면서

- 보폭을 측정한 뒤 어떤 장소까지 몇 걸음인지 재어봅니다.
- 주위의 집과 담의 모양, 재료 등을 살펴보고 분류해봅니다.
- 건물이나 여러 사물을 보면서 수평·수직·사선·곡선·원·평행선·사각형·삼각형·사다리꼴·정육면체·원통·구와 같은 용어를 이야기해주면, 도형과 입체물의 모양에 대한 개념을 익힐 수 있습니다.

5. 장을 보면서

- 아이와 함께 사야 할 물건의 목록을 작성하고 예산을 정해봅니다.
- 채소를 살 때 저울에 물건을 달면서 어떤 것이 더 무거울지 예상해보고, '무거운', '가벼운' 등의 용어를 배웁니다.
- 돈을 내고 거스름돈을 받으면서 동전을 사용해봅니다.

- 영수중에 쓰인 물건 값을 계산기로 계산해봅니다. 아이가 계산기 사용법을 익히는 것은 수학적 능력을 키우는 데 아주 좋습니다.

6. 운동장에서
- 그네를 타며 관성과 중력의 법칙을 경험하고 시소를 타며 균형에 대해 경험할 수 있습니다. 모래 놀이를 하며 부피에 대해 배웁니다.
- 놀면서 자신의 행동을 통해 위·아래·높은·낮은·빠른·늦은·큰·작은·수직·수평·평행 등의 개념을 익힙니다.

7. 차를 타면서
- 지하철이나 차를 타면서 시간과 거리와 속도에 관해 이야기 나눕니다. 지하철역이나 교차로를 지나며 숫자의 변화를 느낄 수 있습니다.
- 지나가는 자동차의 수를 세거나 자동차 번호판의 숫자를 읽는 놀이를 할 수 있습니다.

8. 공작 놀이를 하면서
- 그림을 그리면서 방향과 순서, 직선과 곡선, 3차원의 모양에 대한 것을 배웁니다.
- 종이접기를 하면서, 가로·세로·위·아래·넓이·길이라는 용어에 익숙해질 수 있고, 직각과 대칭의 개념을 익힙니다.

- 간단한 바느질을 하면서 자를 이용하여 길이 측정하는 방법을 배우며, 안과 밖의 개념과 방향 감각을 익힙니다.
- 수수깡을 이용하여 다양한 모양을 만들면서 기하학에 대한 개념을 익힙니다.
- 무늬를 관찰하면서 패턴(규칙성)을 익히고, 스스로 무늬를 만들어보면서 규칙을 적용하고 반복하는 문제 해결 능력을 키울 수 있습니다.

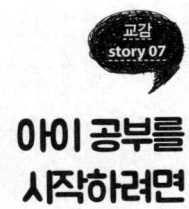

아이 공부를 시작하려면

● 홍수

비가 좍좍 왔어요. 태풍이 오고 홍수가 났대요. 텔레비전에서는 집이 무너지고 나무가 쓰러지고 길이 물바다가 되어 차가 둥둥 떠내려가는 그림이 나와요.

비가 그치자 할아버지와 큰아버지께서는 마을에 나가셨어요.

나도 할머니의 손을 잡고 밖에 나갔어요. 동네 뒷산이 무너져 산 밑에 있는 집이 무너졌대요. 논의 벼도 쓰러졌어요. 그래서 모두 쓰러진 벼를 묶어 세우느라 바빠요. 그런데 묶어야 할 벼가 너무 많아, 어른들은 "저 벼를 다 어쩌나?" 하며 한숨을 쉬십니다.

강가에 나갔어요. 누런 강물이 무섭게 넘실거리면서 콸콸 흘러요. 강물에는 누런 호박이랑 나무토막, 옷과 물건들이 많이 떠내려옵니다.

집에 와서 나는 할아버지께 여쭈어보았어요.

"할아버지, 홍수는 왜 나나요?"

"사람들이 산에 있는 나무를 마구 베다 보니, 홍수도 자주 나고 가뭄도 자꾸 드는 거야."

"잘 모르겠어요. 나무하고 홍수하고 무슨 상관이 있어요?"

그러자 할아버지께서는 "이리 와봐라" 하시며 내 손을 잡고 마당의 모래밭으로 가셨어요. 그리고 모래를 쓸어모아 모래 산을 하나 만드시고, 산 아래에는 돌과 나뭇가지 몇 개를 주워다 늘어놓으셨어요.

"잘 봐, 이 모래 산이 뒷산이고 이 돌과 나뭇가지 있는 곳이 우리 동네라고 하자. 자, 이제 비가 온다."

할아버지께서는 모래 산 위에 주전자로 물을 부으셨어요. 그러자 모래 산이 마구 무너지고 패어 산 아래 동네는 물바다가 되었어요.

"만약 산에 나무가 많이 있다면 어떨까? 나무뿌리들이 땅 밑에서 서로 손을 잡고 엉겨 있겠지? 자, 이 손수건을 손잡고 엉겨 있는 나무뿌리라고 하자."

할아버지께서는 호주머니에서 손수건을 꺼내어 모래 산을 덮으셨어요. 그리고 그 위에 다시 주전자의 물을 부으셨어요. 그랬더니 손수건에 덮여 있는 모래 산이 천천히 무너지다가 멈췄어요.

"봤지? 나무가 많으면 홍수가 훨씬 덜 나겠지? 또 나무들은 숨 쉴 때마다 신선한 공기를 뿜어서 하늘에 엷은 막을 만들어준단다. 그런데 나무가 없어지면 그 막에 구멍이 나서 홍수와 같이 여러 가지 재난이 일어난단다."

"정말 나무는 좋은 일을 많이 하는군요. 할아버지께서 나무를 베는 어른들에게 그러지 말라고 이야기해주세요."

"그래야겠지. 우리부터라도 나무를 소중히 가꾸고 많이 심자꾸나."

나는 스케치북을 가져와 힘센 나무들이 홍수와 싸우는 그림을 그렸습니다.

💬 이렇게 교감해요

날씨 기사를 아이와 함께 보며 이야기를 나누세요.

텔레비전을 통해 보도되는 홍수와 같은 자연재해 소식을 접하면 아이들도 어른만큼이나 충격을 받고 두려워합니다. 아이가 자연재해에 대해 질문하면, 간단한 실험을 통해 그 원인을 설명해주고, 이러한 재해를 막을 대책도 함께 이야기해주세요.

또 날씨에 대한 기사를 아이와 함께 보세요. 날씨 기사에는 날씨를 나타내는 그림과 온도를 나타내는 숫자가 있는데, 엄마 아빠의 도움으로 온도를 읽고 맑음·비, 흐림, 눈 등을 상징하는 기호를 배우면서 아이는 자신이 사는 지방 날씨를 예측할 수 있습니다. 또 친지가 사는 다른 지방이나 가장 더운 곳과 추운 곳 날씨도 알아보고 비교하면서 함께 이야기를 나눌 수 있습니다. 이러한 활동은 아이가 날씨와 지역에 대한 개념을 이해하고, 좀 더 능동적으로 자연을 대할 수 있는 태도를 길러줍니다.

생각하는 힘을 키워주는 괜찮은 방법

● 바람 놀이

큰어머니가 청소하려고 방문을 활짝 여시자, 햇살이 갑자기 방 안으로 쏟아져 들어왔어요. 꼭 홍수가 난 것 같아요. 환한 햇살 아래 가물가물한 알갱이들이 떠다니는 게 보여요.

"큰어머니, 저건 뭐예요?"

"그건 먼지야."

"먼지는 왜 방문을 열지 않았을 때는 안 보이지요?

"우리 곁에는 항상 공기가 있고 공기 속을 떠다니는 먼지가 있어. 먼지는 어두운 곳에선 잘 보이지 않는단다."

"먼지는 왜 저렇게 쉴 새 없이 춤을 추나요? 자세히 보니 어지러워요."

"그건 먼지를 담고 있는 공기가 쉴 새 없이 움직이기 때문이야. 저기 마당의 빨래를 보렴. 바람에 펄럭거리고 있지? 바람은 공기가 세게 움직이는 거란다."

나는 학교에 간 언니가 오나 보려고 밖에 나갔어요. 날씨가 추워서 그런지 골목에는 아이들이 없네요. 나는 혼자서 달리기를 했어요. 씽씽 달리고 나니 땀이 송송 솟았어요.

그때 바람이 휭 불어왔지요. 야, 참 시원하다. 바람에 땀이 다 식고 나니 기분이 참 좋았어요. 나는 바람을 향해 달립니다. 바람이 얼굴을 때려요. 이번엔 바람을 등지고 달려봅니다. 바람이 등을 떠밀어요. 나는 '휘휘' 바람 소리를 흉내 내기도 하고 두 팔을 하늘로 휘저으며 바람춤을 추기도 합니다. 언니가 학교에서 돌아오고 있어요. 언니는 양손에 팔랑팔랑 리본 막대를 들고 있어요.

"은이야! 오늘 학교에서 리본 막대를 만들었다. 너 주려고 하나 더 가지고 왔어."

언니는 나에게 하늘색 리본 막대를 주었어요. 우리는 리본 막대를 이리저리 흔들어봅니다. 팔을 크게 돌려 동그라미도 만들고 뱀처럼 꼬불꼬불하게도 흔들어요. 바람이 불자, 언니와 내가 흔드는 리본은 커다란 물결처럼 공중에서 출렁거립니다. 우리는 리본 막대를 흔들며 노래를 부르며 달리기도 하지요.

"봄에는 하늬바람, 가을에는 산들바람
여름에는 비바람, 겨울에는 눈바람"

바람에 머리를 풀고 날아가는 연기처럼 리본이 높이 높이 펄럭입니다.

💬 이렇게 교감해요
놀이로 공기의 존재와 필요성을 가르쳐주세요.

아이들은 풍선을 갖고 놀고, 비눗방울을 불며, 연을 날립니다. 또 바람에 따라 이리저리 움직이는 물건을 보기도 하고, 자신의 몸에 부딪히는 바람을 느낍니다. 이렇듯 공기는 아이들의 생활에서 친숙합니다. 그러나 눈에 보이지 않기 때문에 가르치기가 어렵습니다.

공기에 대해 추상적으로 가르치려 하기보다는 생활 속에서 놀이를 통해 공기의 존재와 필요성을 가르쳐주세요. 여러 가지 물건을 바람에 날려보고 어느 것이 멀리 날아가는지 보기도 하고, 리본 막대로 바람의 세기를 느껴 봐도 좋습니다. 물 위에서 탁구공을 불거나, 비눗방울 놀이를 해봐도 좋습니다. 이러한 놀이는 자신의 힘으로 사물을 움직이고 그 반응을 예측할 수 있기 때문에 아이에게 상당한 성취감을 줍니다.

풍선과 비닐 주머니를 갖고 놀 때는, 숨이 막힐 수 있으므로 입에 넣거나 머리에 뒤집어쓰지 않도록 주의시키세요. 또 내다 버린 헌 냉장고나 밀폐된 상자도 공기가 통하지 않아 위험하니 함부로 들어가 놀면 안 된다고 안전교육을 하세요.

뇌는 체계화를 잘한다

● 지구는 둥글다

엄마와 함께 뒷산에 갔어요. 나지막한 언덕 위에는 큰 나무 한 그루와 앉아 놀기 좋은 평평한 바위가 있어요. 나는 엄마와 함께 바위에 걸터앉았어요. 눈앞에 강물과 푸른 들판과 회색의 집들이 보여요. 멀리 저편에는 희미하게 파란 산들이 구름 모자를 쓰고 어깨동무를 하고 있어요.

"엄마 저 산을 넘어가면 어디가 나오나요?"

"또 다른 도시와 들판과 산과 바다가 나오지."

"거기를 지나서 계속 앞으로 가면요?"

"다른 나라가 나오겠지. 아마 다른 나라의 어린이를 만날 수 있을 거야."

"다른 나라를 지나면요?"

"지구는 둥그니까, 다시 우리나라가 나오고 우리 집이 나오고 이 언덕이 나오겠지."

나는 그 말을 알아들을 수 없었어요. 그러자 엄마는 집에 돌아와서 지구본을 찾아오셨어요.

"이 지구본은 우리가 사는 지구를 조그맣게 만들어 놓은 거란다. 이 지구에서 온 세상의 사람들과 동물과 식물이 같이 살고 있지. 우리나라는 어디 있나? 아, 여기 있구나. 우리 집은 어디 있나? 음, 우리 집은 너무 작아서 안 보이네."

엄마는 개미를 한 마리 집어, 지구본 위에 얹어놓으셨어요.

"자, 이 개미가 은이라고 하자. 지금 은이는 지구 위에 서 있어요. 그러나 지구가 워낙 커서 은이의 눈에는 조금밖에 안 보인단다. 지구가 둥근 것도 안 보이고 평평한 땅만 보이지. 하지만 계속 앞으로 앞으로 나가면 언젠가는 이 자리로 다시 돌아오겠지?"

"네, 이제 알았어요. 그런데 산과 바다는 어디 있어요?"

"지구본이 여러 색깔로 그려져 있지? 그게 산과 바다를 표시해놓은 거란다. 파란색은 바다고 초록색은 들판이고 노란색과 갈색은 산이야. 그러니 실제의 지구는 울퉁불퉁한 공과 같겠지?"

엄마는 일어나 어린이백과사전을 가져오셨어요.

"이 책을 보렴. 이 사진들은 지구의 여러 가지 모습을 찍은 것이란다."

책에는 산과 바다와 도시를 찍은 사진이 있어요. 엄마는 사진을 보며 뜨겁고 목마른 사막과 추운 얼음 나라의 빙산에 관해 이야기해주셨어요. 그리고 무시무시하게 뜨거운 불기둥이 하늘로 치솟는다는 화산의 폭발에 관해서도 이야기해주셨어요.

엄마의 이야기를 들으니 너무 신기하고 놀라워, 나는 가슴이 콱 막히는 것 같아요.

"은이야, 너는 지구의 어떤 모습이 제일 좋니?"

"나는 하얀 모래가 있고 파도가 치는 바닷가 모습이 제일 좋아요."

나는 스케치북에다 바다를 그렸습니다. 그리고 그다음 장에는 들판을, 그다음 장에는 사막을, 그다음 장에는 높은 산을 그렸어요. 엄마는 그 그림들을 계단처럼 잘라 넘기면 새로운 풍경이 나오는 지구 스케치북을 만들어주셨어요.

● 이렇게 교감해요

놀듯이 지구를 가르쳐주세요.

거실이나 주방처럼 가족들이 모여서 많은 시간을 보내는 곳에, 보기 쉬운 세계 지도나 우리나라 지도를 걸어두세요. 지구본도 함께 놓아두면 더 좋겠지요. 그걸 보면서 뉴스에 나오는 낯선 곳들의 위치도 찾아보고, 친지가 사는 곳이나 가족 여행을 다녀온 곳에 스티커를 붙이고, 거기까지 가는 길을 표시하는 놀이도 해보세요.

또 어느 곳이든 가고 싶은 곳을 정하여 상상여행을 떠나도 좋습니다. 상상여행을 떠날 때는 사진이 많은 지리백과사전이나 여행안내 팸플릿 같은 것을 꼭 옆에 두고, '동서남북'과 같이 방향이나 거리를 나타내는 낱말을 많이 사용하면 훨씬 더 실감이 나겠지요. 이렇게 하면, 아이들은 지구의 세계와 친숙해지며 수학·과학 공부도 할 수 있습니다.

관찰을 즐기는
아이로 키워라

● 해님이 달을 먹었어요

하얀 쟁반같이 둥글던 보름달이 이제 반쪽이 되었어요. 할머니께 달님의 반쪽이 어디 갔는지 여쭤보니 해님이 먹었다고 하시네요. 큰어머니께도 여쭤보니 "지구의 그림자에 가려서 그렇단다"고 하십니다. 나는 큰아버지께도 달려가 여쭤봤습니다.

"큰아버지, 보름달 반쪽이 어디 갔어요. 해님이 먹었나요? 지구가 먹었나요?"

"응, 둘 다 맞아. 자, 보여줄게."

큰아버지는 공 두 개와 손전등을 가져오시더니, 큰 공에는 '지구'라고 써 붙이시고, 지구 위에는 조그만 호랑이를 그리고 '우리나라'라고 쓰셨어요. 우리나라 안에는 아주 작게 우리 집도 그려 넣으셨어요. 또 작은 공에는 '달'이라고, 손전등에는 '해'라고 써 붙이셨어요. 손전등은 큰어머니께, 큰 공은 지웅이 오빠에게 주시고, 큰아버지께서는 작은 공을 드셨어요. 혜인 언니와 나는 호기심에 눈을 반짝반짝 빛내며 할아버지와 할머니의 곁에 앉았어요.

"자, 봐라. 이 손전등은 해님이고 작은 공은 달님이라 하자. 그리고 큰 공은 우리가 사는 지구라고 하자. 지구 안에는 우리나라가 있고 우리나라 안에는 우리 집이 있다. 지금 우리 집에서는 은이와 혜인과 지웅이가 마루에 앉아서 하늘을 보고 있어요."

언니와 나는 키득키득 웃으며 큰아버지의 이야기를 계속 듣습니다.

큰아버지께서 전깃불을 끄시자 방이 캄캄해졌어요. 큰어머니께서 손전등 해님의 불을 켜셨어요. 오빠는 지구 공을 높이 들고 천천히 한 바퀴를 돕니다. 지구가 빙그르르 도니까 지구의 한가운데 그려진 우리나라에 햇빛이 비칩니다.

"해가 떴어요. 지구가 돕니다. 햇빛이 우리나라에 비칩니다. 우리나라가 환해졌어요. 낮입니다."

"또 지구가 돕니다. 우리나라가 캄캄해졌어요. 밤입니다."

큰아버지는 달인 작은 공을 들고 움직이면서 계속 이야기하셨어요.

"지금 달은 해와 지구의 반대편에 있어요. 우리나라는 밤이니까, 달이 보입니다. 달에 햇빛이 가득 비칩니다. 보름달이지요."

그리고 큰아버지는 달을 들고 지구 주위를 천천히 한 바퀴를 도셨어요.

"달은 지구 주위를 빙빙 돕니다. 달이 지구 옆으로 왔어요. 그러자 햇빛이 달의 반쪽에만 비칩니다. 우리 눈에는 달의 반쪽만 보이는군요. 아하, 반달이 되었어요!"

큰아버지의 이야기를 듣고 전깃불을 다시 켜자, 혜인 언니가 큰아버지께 물었어요.

"아빠, 왜 지구와 달은 왜 빙빙 돌아요?"

"지구는 해의 아이야. 그래서 자신도 돌면서 엄마인 해의 주위를 돌지. 달은 지구의 아기야. 그래서 엄마인 지구 주위를 돌지. 이렇게 별들은 엄마가 아기들을 서로 끌어당기며 빙빙 돈단다."

우리는 별에게도 엄마와 아기가 있다는 게 무척 신기했어요. 나도 큰아버지께 여쭤보았죠.

"해의 엄마는 없나요?"

"해의 엄마는 아주 멀리 있단다. 그리고 해에게는 친구들이 많이 있는데, 우리는 그것을 은하, 우주라고 부르지."

큰아버지의 말씀을 들으며 우리는 벽에다 커다란 종이를 붙여놓고 이렇게 씁니다.

"우주, 은하, 해, 지구, 달, 우리나라, 대구, 우리 집"

● <u>이렇게 교감해요</u>

우주의 존재를 느끼게 하여 아이의 시야를 넓혀주세요.

옛날부터 사람들은 해와 달과 별, 밤과 낮, 계절의 변화를 관찰해

왔습니다. 그리고 그것으로 시간과 절기를 구분하고 무수한 신화와 전설의 소재로 삼아왔습니다. 어린아이들은 이처럼 해, 달, 별을 자신의 친구로 여기며 그 모양에 관심을 가지고 신기해합니다.

아이들에게 밤하늘을 바라보게 해주세요. 그리고 해와 달과 별에 대한 재미있는 이야기를 해주고 우주가 있다는 것을 느끼게 하여 아이의 시야를 넓혀주고, 상상의 날개를 마음껏 펼칠 수 있도록 해주세요.

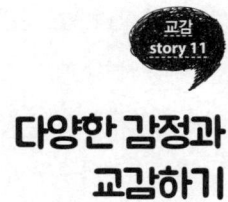

다양한 감정과 교감하기

● 재롱이의 죽음

준형이네 강아지 재롱이가 죽었어요. 큰길에 나갔다가 자동차에 치였대요. 그래서 준형이는 어제 엄마와 함께 재롱이를 뒷산에 묻었대요.

오늘 나는 준형이와 함께 뒷산에 가보았어요. 준형이는 커다란 나무 밑에 있는 동그랗고 조그만 재롱이의 무덤을 보여주었어요. 거기에는 나무 막대기가 더하기 모양으로 꽂혀 있고, 마른풀이 덮여 있었어요. 준형이는 재롱이의 무덤 위에 집에서 가져온 작은 꽃을 심었어요. 재롱이의 무덤 저편에는 큰 무덤이 하나 있었어요. 그 무덤은 바가지를 엎어놓은 듯 동그랗게 생겼는데, 그 안에는 준형이 할머니가 계시데요.

"너희 할머니는 언제 돌아가셨는데?"

"내가 세 살 때. 나는 그때 하얀 옷을 입고 할머니 사진을 들고 여기에 왔었어."

집에 돌아와서 할머니께 여쭤보았습니다.

"할머니, 뒷산에 준형이 할머니 무덤이 있던데, 준형이 할머니는 전에 돌아가셨대요. 할머니도 돌아가시나요?"

"그럼. 사람은 누구나 죽지."

"죽으면 어떻게 되는데요?"

"하늘나라로 가지."

할아버지께도 여쭤보았어요. 할아버지께서도 사람은 누구나 죽는다고, 그리고 사람은 땅에서 났기 때문에 죽으면 흙으로 돌아간다고 하셨어요. 나는 큰아버지께도 여쭤보았어요.

"큰아버지, 할머니는 사람은 죽으면 하늘나라로 간다고 하시고, 할아버지는 땅으로 간다고 하시는데, 어느 게 맞아요?"

"그건 아무도 모른단다. 어떤 사람은 죽으면 사람의 영혼이 하늘에 가서 우리를 지켜보면서 도와준다고도 하고, 어떤 사람은 흙으로 돌아가 썩어서 거름이 되어 생명을 키우면서 다시 우리에게 돌아온다고도 하지. 하지만 그건 낯선 여행과 같단다. 그 여행에서 다시 돌아온 사람이 없거든."

"죽은 사람은 다시 만날 수 없나요?"

"그래. 눈으로는 다시 만날 수 없지. 하지만 눈을 감고 마음으로는 늘 만날 수 있단다. 죽은 사람들이 어디로 가든 우리 곁에 있는 건 틀

림없으니까."

"큰아버지, 나도 죽나요? 나는 언제 죽나요?"

"걱정되니? 네가 자라 어른이 되어 네 할 일을 다 하고, 몸이 늙어 힘이 빠지면 죽게 되겠지. 사람이든, 하찮은 동물이든, 풀이든, 생명이 있는 모든 것에는 살아 있는 동안 남이 대신할 수 없는 자신만의 할 일들이 있단다."

"내가 꼭 해야 할 일은 뭔데요?"

"그건 나도 모르지. 자라면서 네가 찾아야 한단다."

큰아버지의 말씀을 들어도 난 잘 모르겠어요. 나중에 곰곰이 생각해봐야겠어요

💬 이렇게 교감해요

생명과 죽음에 대한 어른의 태도는 큰 영향을 미칩니다.

요즘은 죽음이 너무 흔합니다. 아이들은 뉴스나 영화에서 사람이 죽는 장면을 자주 보며 같은 또래 아이가 사고사 소식도 쉽게 듣습니다. 이러한 환경 속에서 아이들은 죽음에 대해 무감각해집니다. 그러다가 가까운 누군가나 애완동물이 죽으면 슬픔과 충격에 빠진 채 죽음에 대한 두려움과 체념의 감정을 느끼기도 하며, 그때의 체험이 이후의 삶의 태도에 영향을 미치기도 합니다. 아이가 이런 체험을 하거나 죽음에 의문을 가질 때는, 생명의 가치를 이야기해주어야 합니다.

죽음이란 것을 과장하거나 축소할 필요는 없습니다. 그러나 생명과 죽음에 대한 어른들의 태도는 아이들에게 지대한 영향을 미칩니다. 그러므로 자신의 철학과 신앙이 어떠하든 아이에게 죽음은 이별이지만 죽은 사람을 절대로 잊지 않는다는 것, 생명은 단 하나이며 소중하기 때문에 경건한 마음으로 죽은 사람을 기려야 한다고 이야기해주세요. 그리고 동물의 생명도 존중하며 잘 돌봐야 한다는 것을 가르쳐주세요.

자연에서
아이는 똑똑해진다

● 동짓날

눈이 옵니다. 할머니께서는 팥을 씻어 팥죽을 끓이세요. 우리는 동그란 상 앞에 둘러앉아 반죽한 찹쌀 가루를 손바닥으로 동글동글 굴려 새알을 만들어요. 혜인 언니가 할머니께 여쭈어보았어요.

"할머니, 왜 오늘은 팥죽을 먹나요?"

"오늘은 한 해 중 밤이 가장 길고 낮이 짧은 동짓날이란다. 내일부터는 해가 다시 길어지니 진짜 새로운 해가 시작된다고 할 수 있지. 그래서 옛날부터 동짓날에는 '작은 설'이라 축하하면서 나쁜 귀신을 물리쳐 새해에도 건강하게 지내려고 팥죽을 많이 먹는단다."

팥죽을 끓이는 솥에서 김이 펄펄 나기 시작했어요. 할머니께서는 커다란 나무주걱으로 죽을 휘휘 저으셨어요. 나는 코를 킁킁거리며 달콤한 팥죽 냄새를 맡습니다. 이제 팥죽이 부글부글 끓어요. 나는 도화지에다 팥죽색 물감을 만들어 잔뜩 칠하다 말고 보글보글 팥죽 춤을 춥니다.

"자, 이제 죽이 다 되었다!"

할머니는 우리에게 팥죽 한 그릇씩을 듬뿍 떠 주셨습니다.

오후에는 아빠와 엄마가 오셨어요. 아빠는 새 달력을 들고 오셨어요. 할아버지께서는 벽에 걸려있던 헌 달력을 떼어내고, 그 자리에 하얀 새 달력을 거십니다.

"엄마, 왜 새 달력을 걸어요?"

"달력은 날짜를 표시하는 거란다. 오늘 하룻밤 자고 나면 하루가 지나고 또 새로운 하루가 시작되지? 그렇게 일곱 밤을 자고 나면 일주일이 지나고, 서른 밤을 자고 나면 한 달이 지나간단다. 또 한 달이 열두 번 지나면 한 해가 지나가지. 이렇게 올 한 해도 지나갔으니까, 내년 달력을 새로 걸면서 새해를 준비하는 거란다. 새해에는 은이도 나이를 한 살 더 먹지?"

엄마는 누렇게 빛이 바랜 헌 달력을 한 장 한 장 넘기며 이야기해 주셨어요.

"엄마, 그러면 한 해가 지나가고 또 지나가다가 언제 끝나요?"

"시간은 끝이 없는 거야."

"엄마, 그럼 헌 달력은 저 주세요."

"그래. 여기 있는 숫자들을 오려 네 달력을 만들어보렴. 올 한 해 동안 즐거웠던 날, 슬펐던 날, 특별한 일이 있었던 날을 많이많이 생각해서 그림을 그려봐. 사진도 붙이고…."

날짜와 그림으로 꾸며진 내 달력! 생각만 해도 참 멋있어요.

엄마 아빠와 나는 팥죽 한 냄비를 싸들고 집으로 가는 차를 탔어요. 차 안에서, 차창에 서린 김을 닦고 거리에서 눈을 맞으며 서 있는 나무들을 보면서 내 달력에 대해 생각을 하다가 깜박 잠이 들었나 봐요.

눈을 떠보니 어느새 눈이 그쳤어요. 나는 아빠의 코트에 싸인 채 집으로 가고 있어요. 푹신한 아빠의 코트 사이로 실눈을 뜨고 밖을 살짝 내다보니 캄캄한 밤하늘이 보여요. 멀리서 커졌다가 작아졌다가 하는 창문의 불빛들도 보이네요.

💬 이렇게 교감해요

시간에 대한 이해는 논리적·수학적 사고의 기초가 됩니다.

아이들은 시간 개념을 이해하기 어려워하므로 아이에게 매달 1일에는 새로운 한 달이 시작된다는 것을 알려주고, 해마다 돌아오는 생일과 국경일, 또는 절기마다 그날의 의미를 이야기해주세요. 그것을 통해 아이는 시간이 흐른다는 것, 시간의 규칙적인 순서는 반복된다는 것을 알게 됩니다.

달력은 시간 개념을 가르칠 수 있는 좋은 도구입니다. 달력에는 시간과 관련된 수학적 개념, 즉 순서·형태의 발전, 숫자 세기, 평가, 예측 등을 익힐 수 있는 요소가 가득 들어 있고, 그 반복적 속성 때문에 수의 유형에 대해서도 즐겁게 배울 수 있습니다.

　글씨도 크고 공간이 많은 달력에, 아이와 함께 가족의 생일과 뜻깊은 기념일을 표시해보세요. 또한, 달력으로 짝수·홀수 날짜 표시하기, 가장 짧은 주에 색칠하기 등 다양한 놀이를 해도 좋고, 아이 자신의 달력을 만들어 봐도 좋습니다. 동시집에서 달·계절·휴일 등에 관련된 시를 골라 읽어보는 것도 재미있겠지요.

> 교감육아 Guide ⑧
> ## 과학을 잘하게 하는 방법

1. 늘 관찰하게 하세요.

- 사소한 것도 세밀하게 관찰하도록 장려해주세요. 오감을 모두 사용하여 관찰하면 더 많은 사실을 알게 되고 관찰력도 커집니다.
- 아이와 함께 독특한 사물을 독특한 방법으로 관찰하는 놀이를 해보세요. 그리고 아이가 신기해하는 것에 대해 같이 신기해하며 흥미를 보여주세요. 엄마가 무엇이든 다 안다는 듯이 권위적인 태도를 보이는 것은 좋지 않습니다.

2. 분류하기를 자주 시키세요.

- 집 안의 물건이나 장난감들을 자주 분류하게 하세요.
- 여러 종류의 그림카드를 섞어놓고 몇 장씩 한 그룹으로 묶은 뒤, 그렇게 묶은 이유를 말해보게 하는 것도 좋습니다.

3. 실험해보게 하세요.

- 아이는 호기심을 충족하기 위해 놀면서 나름대로 많은 실험을 합니다. 가능한 한 바로 그 자리에서 예측한 것을 쉽게 검증할 수 있는 간단한 실험을 자주 하게 하세요.
- 아이와 함께 실험을 계획하고 아이 스스로 조사하도록 하세요.

엄마는 개입하지 말고 아이가 자기 생각을 펼 수 있도록 자료와 환경을 제공해주세요.
- 실험을 통해 아이의 사고 능력이 발달할 수 있어야 합니다. 아이 스스로 답을 찾아가는 과정을 지켜보다가, 아이가 예측한 것이 틀렸을 때는 답을 바로 가르쳐주지 말고 힌트를 주고 새로운 질문을 해서 틀린 부분을 고칠 수 있도록 도와주세요.
- 실험한 후에는 항상 결과를 기록해두세요.

4. 실험할 때는 결과를 예측해보게 하세요.

- 예측은 경험하고 기억한 지식을 총동원하여 생각해보게 하는 활동입니다. 자석 놀이나 요리와 같이 결과가 바로 나타나는 실험을 할 때는 먼저 그 결과를 예측해보게 하세요.
- 물건의 무게나 길이를 잴 때는 그 양을 어림해보게 하세요. 결과를 판단하는 데 시간이 걸린다면 예측한 내용을 적어두었다가 나중에 결과를 확인하세요.

5. 늘 의사소통하고 토의하세요.

- 엄마의 다양한 질문은 아이의 인지 발달에 아주 중요합니다. 아이와 의견을 교환하고 아이가 결론을 내리는 것에 안내자 역할을 해주세요.
- 또래 친구와 토의할 기회를 만들어주세요. 토의할 때는, 특정한 개념이나 결과를 주입하려 하기보다는 다양한 자료를 이용하여

스스로 자신의 의견을 만들 수 있도록 해주세요.
- 아이의 사고력을 길러줄 수 있는 질문
  - 예측하는 질문: "이렇게 하면 어떤 일이 일어날 것 같니?"
  - 의도한 것을 창안하게 하는 질문: "그것을 만들 수 있니?"
  - 활동 결과와 사건의 관계를 생각해보게 하는 질문: "그 일을 어떻게 했지?"
  - 원인에 대한 질문 : "왜 그런 일이 일어났을까?"

6. 창안하게 하세요.

- 창안하기란 상상력과 창의력을 전개하여 새로운 것을 만들어내는 활동을 말합니다.
- 공작 놀이와 같은 3차원적인 미술 활동을 자주 하게 하세요. 아이가 자신이 가진 모든 지식을 총동원하여 새로운 것을 창안하게 만드는 이런 놀이는 수학·과학과 관련이 많습니다.
- 어른이 보기에 쓸모없고 유치해 보이더라도 아이가 만든 것을 섣불리 평가하지 마세요. 그 속에 새로운 발견과 발명의 씨앗이 숨어 있을 수도 있으니까요.

5장
교감육아가 IQ EQ를 높인다

생각하는 뇌
교감하는 뇌

 거인 나라에 온 걸리버인 아이는 처음에는 거인들과 의사소통을 하는 방법을 몰랐습니다. 그래서 "앙!" 울기도 하고 팔다리를 움직여 몸짓을 하기도 했지요. 그런데 신기한 것이 하나 있었어요. 거인들은 늘 입술과 혀를 움직여 입으로 소리를 내고 있었거든요. 그래서 아이도 거인들의 입 모양을 자세히 보고 흉내 내어 소리를 내보았지요.

 어느 날 아이는 이러한 소리는 규칙을 가진 '말'이라는 의사소통 신호라는 것을 알았어요. 그래서 얼른 그걸 따라 배우려고 애썼지요. 이제 아이는 거인들의 말을 익혀 자신의 의사를 표현하기 시작했습니다. 그런데 이 말이란 것이 참 묘했어요. 아이는 말이 여러 가지 사물이나 사건들을 가리키는 것이라는 것을 알면서부터, 직관적으로 감정만 느끼는 것이 아니라 여러 가지 말들을 모으고 연결하여 '생각'을 하기 시작했어요. 그런데 아이들은 어떤 생각을 할까요? 주로 거인들, 특히 엄마에게 들은 것과 자신이 본 것을 생각하겠지요.

이제 엄마는 아이에게 말도 가르치고, 듣는 것도 가르치고, 말이 날아가지 않도록 붙잡아놓는 글자를 읽고 쓰는 법도 가르칩니다. 어떻게 하면 말을 더 정확하게, 더 효과적으로 가르칠 수 있을까요? 아이에게 말을 가르칠 때 꼭 필요한 것은 무엇일까요? 그리고 무엇보다 아이의 생각하는 힘을 키워주려면 어떻게 가르쳐야 할까요?

이 장에서는 이러한 주제에 대해 자세히 이야기해보겠습니다.

만 3세 이후에
가능해지는 기억

● 말 가르치기

"아뽕!"

기범이가 얼굴을 수건으로 가렸다가 쏙 내밀며 말했습니다. 기범이는 '까꿍'을 '아뽕'이라고, 물은 '음'이라고, 숟가락은 '꿍까야'라고 해요. 참 우습지요?

엄마는 기범이가 갓난아기 때 "응애응애" 하고 울 때마다 "우리 아기, 배 많이 고프구나. 엄마가 맘마 줄게" 하시면서 우유병을 가져오셨어요. 그리고 기범이 앞에서 우유병을 찰랑찰랑 흔들면서 "자, 맘마다!" 하시면 기범이는 기쁜 듯이 숨을 헤헤 쉬며 우유병을 잡으려고 손을 내밀었어요. 그때 엄마는 내게 "갓난아기들은 엄마 뱃속의 캄캄한 아기집에 오래 있다가 세상에 나왔기 때문에 눈이 잘 보이지 않는단다. 그러니까 예쁜 소리를 많이 들려줘서 안심시켜줘야 돼" 하고 말씀하셨어요.

그래서 나는 기범이에게 딸랑이도 흔들어주고 방울 소리나 음악 상자의 노랫소리도 들려주었어요. 그리고 기범이를 재울 때마다 엄마가 부르시는 노래도 같이 불러주었어요.

"엄마 엄마 엄마
아빠 아빠 아빠
맘마 맘마 맘마
어부바 어부바"

이 노래는 내가 갓난아기 때 엄마가 지으신 건데, 엄마는 내게도 이 노래를 불러주셨대요.

내가 열심히 노래를 불러준 탓인지 기범이는 엄마, 아빠, 맘마, 어부바, 이 네 가지 말은 참 잘해요. 그런데 엄마보고도 "엄마"라고 하고 나보고도 "엄마"라고 하잖아요. 그래서 나는 기범이에게 "기범아, '누나야, 누나야' 해봐" 하고 매일 가르쳤어요. 또 그림책에 있는 멍멍이와 꼬꼬도 보여주고 도리도리와 잼잼도 가르쳐주었지요. 엄마는 기범이가 말은 못해도 우리 이야기를 다 알아듣는다시면서, 매일 기범이에게 큰아이에게 말하듯 또박또박 이야기를 들려주셨어요.

그런데 오늘 아침에는 기범이가 나를 보고 "누나야"라고 하지 않겠어요? 나는 기뻐서 기범이에게 뽀뽀를 해주었어요.

💬 이렇게 교감해요

아이는 모방과 격려를 통해 말을 배웁니다.

아이들은 대개 6개월쯤 되면 옹알거리기 시작합니다. 이때는 어느 나라의 아기나 비슷한 소리를 냅니다. 그러나 아기들은 귀로 들리는 소리를 흉내 내며, 자신의 능력 한도 내에서 발음을 모방합니다. 그러다 아이가 우연히 "엄마"라고 발음하면 엄마는 매우 기뻐하지요. 이러한 엄마의 애정과 격려 덕분에 "엄마"라는 옹알거림은 특별한 소리가 됩니다. 그래서 아기는 이 특별한 소리를 이것저것 짜 맞추어 열심히 입 밖으로 내려고 합니다. 즉, 모방과 격려를 통해 말을 배우는 거죠. 그러므로 갓난아기 때부터 여러 가지 소리를 들려주어 청각에 자극해주세요. 또 1, 2개월 때부터 옹알이에 대꾸해주고 말소리, 특히 엄마의 목소리를 자주 들려주세요.

대체로 큰아이보다 작은아이는 말을 늦게 배운다고 합니다. 그건 엄마가 큰아이 때보다 말 가르치기에 신경을 덜 쓰는 탓도 있지만, 무엇보다 언어의 형태가 아닌 방법으로 형제간에 어느 정도 의사소통이 이루어지기 때문이랍니다. 그러므로 엄마가 시범을 보이면서 큰아이에게 동생의 말 가르치기를 부탁해보면 어떨까요? 그러면 작은아이의 말 배우기에도 도움이 될 뿐 아니라, 큰아이도 신경 써서 발음하려 하고 동생에게 더 관심을 두게 되겠지요. 이를 통해 아이들의 어휘력과 사회성도 발달합니다.

그리고 아이는 서너 살이 되면, 귀여운 아기 말이 아닌 일반적인 말을 배우게 됩니다. 아이가 일반적인 말을 배울 때는 아이의 현재 언어습관을 인정하면서, 서서히, 자연스럽게 바꾸도록 하세요. 대체로 아이들은 자음을 발음할 땐 파열음(ㄱ, ㄷ, ㅁ 계열), 파찰음(ㅈ 계열), 마찰음(ㅅ, ㅎ 계열)의 순서로 익힌다고 합니다. 따라서 어릴 땐 'ㄹ, ㅅ, ㅎ' 계열의 자음을 발음하기 힘들어하며, 그것은 더 자라서 마찰음을 발음할 수 있는 단계가 되어야 극복됩니다. 아이가 발음이 제대로 되지 않아 발음을 고칠 때는, 틀린 발음을 자꾸 지적하기보다는 정확한 발음의 모델을 보이고, 아이에게 열등감을 주지 않도록 주의하세요. 다섯 살이 지나도 계속 발음이 고쳐지지 않는다면, 부모가 아이와 함께 거울을 보며 입 모양이나 혀의 움직임을 보면서 발음 연습을 하고 녹음을 해서 들어보세요. 만약, 틀린 발음이 신체적 결함 때문이라면 전문가의 도움을 받도록 하세요.

언어 환경이
두뇌 발달을 이끈다

● 서로 반대예요

엄마가 재미있는 이야기를 해주신대요. 기범이와 나는 엄마 무릎에 기대어 앉았어요.

"곰 네 마리가 한 집에 살았어요. 아빠 곰, 엄마 곰, 누나 곰, 아기 곰. 자, 지금 곰 네 마리는 아침을 먹으려고 해요. 식탁 위에는 김이 모락모락 나는 죽이 네 그릇 있군요. 그중 가장 커다란 그릇에 담긴 죽부터 먼저 먹어볼까요."

"아빠 그릇이야."

내가 외치자 기범이는 "아빠 꺼, 아빠 꺼" 하면서 따라 합니다.

"네, 맞아요. 그런데 커다란 아빠 그릇의 죽은 너무 뜨거워요. 흐흐흐. 아이 뜨거워. 그럼 중간 크기의 그릇에 있는 죽을 떠먹어볼까요?"

"그건 엄마 그릇이야."

기범이는 또 "엄마 꺼, 엄마 꺼" 하면서 따라 합니다.

"네, 맞아요. 그런데 중간 크기의 그릇에 있는 죽은 너무 차가워요. 맛이 없어요. 퉤퉤. 그럼 두 개의 작은 그릇의 죽 중에서 어느 것부터 먹을까?"

"제 것부터 잡수세요!"

"제 꺼, 제 꺼!"

기범이와 나는 서로 자기 것부터 드시라고 소리칩니다.

"어느 것부터 먹을까? 앙, 둘 다 먹자!"

엄마는 소리치면서 우리를 껴안으십니다. 한참 깔깔 웃고 난 뒤, 엄마가 내게 물어보셨어요.

"은이야, '크다'와 '작다'는 서로 반대야. 우리 집 안에 있는 것 중에서 서로 반대인 것은 뭐가 있을까?"

"음… 아빠 신과 기범이 신이요."

"그게 왜 서로 반대지?"

"하나는 크고 하나는 작으니까요. 참, 냉장고와 가스레인지도 반대예요."

"그건 왜?"

"냉장고는 차고, 가스레인지는 불을 켜면 뜨거우니까요. 그리고 소파와 방바닥도 서로 반대예요. 소파는 푹신하고 방바닥은 딱딱하니까요."

"네, 맞았습니다! '차다'와 '뜨겁다', '푹신하다'와 '딱딱하다'는 서로 반대지? 우리 은이 정말 잘 아네."

엄마가 이렇게 칭찬해주시면 나는 또 어깨가 으쓱해진다니까요.

● **이렇게 교감해요**

낱말과 낱말 간의 관계를 익히도록 해주세요.

말을 배울 때는 생활 주변의 실물을 직접 만져보면서 그것의 이름이나 색깔, 모양이나 위치와 관련된 낱말을 자연스럽게 익히게 하는 것이 좋습니다. 예를 들어 과일이나 채소의 이름을 익힌 후에는 손으로 직접 만져보며 이름을 말하고, 다른 과일이나 채소의 이름과 색깔을 비교해볼 수 있겠지요. 또 반대말이나 비슷한 말을 가르칠 때도 말로서 추상적으로 정의해주기보다는 그림책을 읽어주며 거기에 나오는 낱말을 통해 이해시키거나, 집안에 있는 것 중 서로 반대인 것, 비슷한 것에는 어떤 것이 있는지 직접 찾아보고 비교하게 하여 이해시키세요.

또 여러 가지 종류의 장난감이나 물건을 섞어놓고 상자 안에다 같은 종류의 것들만 골라 집어넣는 놀이를 해보세요. 다 집어넣은 다음 상자 안에 있는 물건을 다시 하나하나 꺼내면서 그것을 넣은 이유를 이야기해보게 하고, 어떤 것이 더 포함될 수 있는지도 물어보세요. 이런 놀이는 아이가 낱말 간의 관계를 익히는 데 도움이 됩니다.

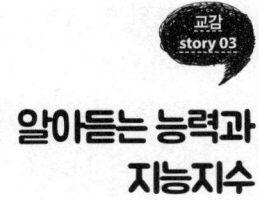

알아듣는 능력과 지능지수

● 수수께끼

엄마가 수수께끼를 내세요.

"엄마 말을 듣고 무엇을 말하는 건지 알아맞혀 봐. 끝까지 모두 들어야 대답할 수 있단다. 음, 이건 동물원에 가면 볼 수 있는데, 동물 중에서 목이 제일 긴 거야. 이것은 무엇일까?"

"기린이요."

"맞았어. 은이는 기린에 대하여 또 어떤 걸 알고 있지?"

"기린은 키가 커서 높은 나무 위에 있는 잎사귀를 뜯어먹을 수 있어요."

"옳지. 참 잘 아는구나. 그럼 다른 문제를 내볼게. 이것은 어린이들이 참 좋아하는데, 여러 가지 색깔이 있어요. 작아졌다 커지기도 하고, 커지면 '빵' 하고 터져버린대요. 이것은 무엇일까요?"

"풍선이요. 엄마, 좀 더 어려운 문제를 내주세요."

그러자 엄마는 "그럼, '어디에 있을까요' 놀이를 할까?" 하시며, 소파 위에 올라가셨어요.

"엄마는 지금 어디에 있을까요? 소파 '위에' 있지요. 자 그럼 은이도 소파 '위에' 올라오렴."

나는 소파 위로 올라갔어요.

"은이는 지금 어디에 있을까요?"

"은이도 소파 '위에' 있어요."

엄마가 이번에는 커다란 상자를 머리에 뒤집어쓰셨어요.

"엄마는 이제 어디에 있을까요? 상자 '안에' 있지요. 자, 은이도 상자 '안으로' 들어오너라."

나는 상자 안으로 들어갔어요.

"은이는 지금 어디에 있을까요?"

"상자 '안에' 있어요."

"자, 이번엔 은이가 엄마 손을 잡고 돌아다니면서 어디에 있는지 말해보렴."

나는 엄마 손을 잡고 집 안을 여기저기를 돌아다니며 말합니다.

"어디에 있을까요? 엄마와 나는 식탁 '아래에' 있지요.

어디에 있을까요? 엄마와 나는 텔레비전 '옆에' 있지요.

어디에 있을까요? 엄마와 나는 방문 '밖에' 있지요."

● **이렇게 교감해요**

아이와 함께 수수께끼 놀이를 자주 하세요.

  수수께끼 놀이를 자주 하면, 아이는 말귀를 잘 알아듣게 되고 논리적으로 생각하게 됩니다. 집 안에서 흔히 볼 수 있는 물건들을 소재로 간단한 수수께끼 놀이를 자주 해보세요.

  '무엇일까요?' 놀이는, 그림카드를 숨겨놓고 수수께끼를 낸 뒤, 아이가 세 문장 정도 들으면 알아맞힐 수 있도록 설명해주세요. 그리고 알아맞히면 아이에게 그것에 관한 다른 설명을 해보게 한 뒤, 관계된 사진이나 실물, 혹은 모형이나 동화 등을 활용하여 보충 설명을 해주세요.

  '어디에 있을까요?' 놀이를 반복하면 '안에', '밖에', '위에', '아래로' 등 방향에 관한 낱말을 익히며 공간 감각을 키울 수 있습니다. 이 밖에도 문장에 어떤 낱말이 들어갈 자리에 빈칸을 만들어놓고 채우는 놀이, 틀린 문장을 바르게 고치는 놀이 등은 아이의 언어 능력과 논리적 사고력을 발달시키는 데 도움이 됩니다.

일방적으로 듣기만 하는
뇌세포는 죽는다

● 전화 놀이

따르르릉! 전화가 울립니다.

"엄마 전화다! 내가 받아야지!"

나는 수화기를 들고 "여보세요?" 했어요. 그런데 웬 할아버지의 목소리가 들리네요.

"에이, 엄마가 아니잖아."

나는 얼른 전화를 끊어버렸어요. "따르르릉!" 다시 전화가 울렸어요. 이번에는 큰어머니께서 전화를 받으셨어요.

"네. 맞습니다. 아버님 지금 밖에 나가시고 안 계십니다. 네, 아이가 실수로 전화를 끊었나 봅니다. 제가 잘 가르치겠습니다. 네, 전화 주셔서 고맙습니다. 안녕히 계세요."

통화를 마치고, 큰어머니께서는 나를 불러 조용히 말씀하셨어요.

"은이야, 전화를 받으면 '안녕하세요? 저는 은이입니다. 어른 바꿔드리겠습니다' 하고 전화를 끊지 말고 집안의 어른들께 전화가 왔다고 말씀드려라. 알았지?"

"네."

"따르르릉!" 또 전화가 울리네요. 이번에는 할머니께서 받으셨어요. 할머니 친구분이신가 봐요. 할머니께서는 한참 동안 전화로 이야기하십니다.

"할머니, 엄마가 전화할 거예요. 빨리 끊으세요!"

나는 할머니 옆에서 전화를 끊으시라고 졸랐어요. 그래서 할머니께서는 할 수 없이 전화를 끊으셨어요. 낮잠을 자고 있었어요. 잠결에 할머니께서 전화를 받으시는 소리가 들리네요.

"어멈이냐? 은이가 네 전화를 얼마나 기다리는지 다른 사람은 전화도 못 쓰게 하는구나."

저녁에 엄마가 할아버지 댁에 오셨어요. 엄마와 나는 재미있는 이야기를 나누다가 전화 놀이를 하기로 했어요. 엄마는 종이컵으로 만든 전화기를 들고 내게 전화를 거십니다.

"따르르릉. 여보세요? 나는 할아버지 친구인데, 너는 누구냐?"

"네, 안녕하세요? 저는 은이입니다. 할아버지 바꿔드리겠습니다."

나는 종이컵 전화기를 할아버지께 바꿔드렸어요. 그리고 이번에는 내가 엄마에게, "따르르릉, 여보세요?" 하면서 전화를 했어요. 엄마는 얼른 전화를 받으셨어요.

"네, 행복동입니다. 아, 안녕하세요, 은이 아주머니! 그동안 잘 지내셨어요?"

"네."

"아이들은 잘 크고 있나요? 아 참, 우리 집 아이는요, 제가 이렇게 전화할 때도 옆에서 잘 기다려준답니다. 참 고맙지요?"

"네, 우리 집 아이도 잘 기다려주니 예쁘지요?"

나는 엄마와 한참 동안 재미있게 전화를 했어요. 그리고 혜인 언니하고도 하고, 밤에 아빠하고도 계속 전화 놀이를 했답니다.

이렇게 교감해요
언어적 경험이 말하기 교육의 중요한 부분입니다.

아이가 서너 살이 되면 집안의 어른이나 가까운 이웃 어른과 대화할 때는 존댓말을 써야 한다는 것을 가르쳐주세요. 그리고 "안녕하세요?", "안녕히 계세요", "고맙습니다", "미안합니다"와 같이 기본적인 인사도 가르쳐주세요.

말을 할 줄 알면서부터 아이는 전화에 호기심을 많이 갖게 됩니다. 그래서 어른이 통화하는 내용을 모르는 척 유심히 듣기도 하고 전화가 오면 제가 받겠다고 나서기도 합니다. 이럴 때는 아이에게 간단한 전화 예절을 가르쳐주세요. 언어 예절은 습관이 드는 것이 중요하며, 특히 평상시 생활에서 엄마 아빠의 모범이 중요합니다.

교감하려면 '천천히, 또렷하게'

● 숲 속의 외계인

엄마가 잡지를 보고 계세요. 나도 같이 볼까요? 이 잡지는 엄마 책인데도 내 책처럼 그림이 참 많네요. 엄마가 그림이 있는 페이지를 펼쳐 들고 내게 물어보셨어요.

"은이야, 이건 무슨 그림이지?"

"그건 여우와 다람쥐 그림이에요."

"그래, 맞아. 이 여우는 마음씨가 어떨 것 같니?"

"눈이 위로 쭉 올라간 걸 보니까 못된 개구쟁이 같아요."

"다람쥐는?"

"다람쥐는 착하게 생겼어요. 하지만 좀 바보 같아요."

"여우와 다람쥐가 지금 무엇을 하고 있을까?"

"서로 도토리를 뺏으려고 장난치고 있어요."

"참 재미있구나! 그럼, 이 옆의 페이지도 한번 볼까? 여기에는 어떤 그림이 있니?"

"민들레랑 나비가 있고, 풀 속에서 산토끼가 얼굴을 내밀고 있어요."

"자, 책을 쫙 펼쳐보니, 아까 보았던 그림과 이 그림은 하나의 그림이네. 어떤 그림일까?"

"풀밭에서 여우와 다람쥐가 싸우는데, 토끼가 숨어서 구경하고 있는 그림이에요."

"그래서 어떻게 되었지?"

"힘이 센 여우가 도토리를 빼앗아서 다람쥐가 '잉' 하며 울어요. 그때 외계인이 나타나 여우를 혼내고 다람쥐에게 도토리를 돌려줬어요."

"토끼는 어떻게 되었지?"

"외계인이랑 우주선을 타고 달나라로 갔어요."

"정말 재미있구나! 은이가 만든 이야기를 엄마가 다시 정리해볼게. 여기는 민들레가 피어 있고, 나비가 날고 있는 풀밭이에요. 이 풀밭에서 여우와 다람쥐가 서로 도토리를 뺏으려고 장난치고 있어요. 여우는 눈이 쭉 찢어지고 못된 개구쟁이처럼 생겼어요. 다람쥐는 착하긴 하지만 좀 바보같이 생겼어요. 풀 속에서는 산토끼가 얼굴을 내밀고 숨어서 여우와 다람쥐가 싸우는 것을 구경하고 있어요. 힘이 센 여우가 도토리를 뺏어가니까, 다람쥐가 '잉' 하며 울었어요. 그때 외계인이 나타나 여우를 혼내주고 다람쥐에게 도토리를 돌려줬어요. 그리고 토끼는 외계인과 함께 우주선을 타고 달나라에 갔어요. 야,

이 재미있는 이야기를 혼자 듣기는 좀 아까운데…."

아빠가 들어오시자, 엄마는 내가 그림을 보고 이야기를 지었다고 자랑하셨어요. 우리는 나중에 그것을 연극으로 꾸며보기로 했어요.

🗨 이렇게 교감해요
그림책을 보면서 짧은 이야기를 꾸며보게 하세요.

그림을 보며 이야기를 꾸며보게 하세요. 이때 가능한 한 완전한 문장으로 말하도록 자극해주고, 그림 속에 무엇이 있고, 누가 등장하며, 등장하는 사람이나 동물들의 표정이나 행동, 성격과 특징은 어떤지 이야기하고 흉내 내어보게 하세요.

두 개의 그림을 나열해놓고 그것을 연결하여 문장을 만들고 이야기를 만들거나, 사건의 순서가 있는 그림 카드 세 개를 주고 그림을 적절한 순서로 놓게 한 뒤 연결한 것을 이야기로 꾸며보게 해도 좋습니다. 이때, 첫 번째 그림의 이전에는 어떤 일이 있었는지, 마지막 그림의 다음에는 어떤 일이 일어날 것인지도 이야기해보게 하세요.

식구들이 모였을 때, 그림을 보고 돌아가면서 이야기를 연결하여 한 가지 이야기를 만들어도 좋습니다. 이야기가 어느 정도 줄거리를 갖추면 매듭을 짓고 정리해주고, 그것을 소재로 극 놀이를 해도 좋겠지요. 이러한 놀이는 아이에게 상상력, 표현력, 분석력, 사고의 유연성, 사건이나 내용의 순서를 파악하는 능력을 길러줍니다.

절대 놓치면 안 되는
듣기 교육

● 이다음에 나는

 설날 아침입니다. 우리는 모두 때때옷을 입고 어른들께 세배합니다. 그리고 커다랗고 둥근 상 앞에 모여 앉아 떡국을 먹지요. 오후에는 온 가족이 남자와 여자로 편을 갈라 윷놀이를 했어요. 윷놀이가 끝난 뒤, 나는 엄마에게 여쭤보았어요.

 "엄마, 왜 설날에는 윷놀이를 하나요?"

 "옛날 우리 조상님들은 농사를 짓고 살았거든. 그래서 설날에 윷놀이하면서 그 해 농사가 잘될까 안 될까를 미리 점쳐보곤 했단다. 윷판은 밭을 뜻하지. 도는 돼지, 개는 개, 걸은 양, 윷은 소, 모는 말을 뜻하는데, 전부 농사를 지을 때 도와주는 친한 짐승들이야. 이 짐승들과 함께 밭을 갈면서 농사를 잘 짓자는 의미에서 이런 놀이를 하는 거란다."

"그럼 설날은 왜 설날이라고 하나요?"

"그건, 새로 맞이하는 해가 낯설다고 해서 그렇게 부르는 거란다. 낯선 한 해를 앞두고 몸과 마음을 깨끗이 하고 차분하게 새해의 계획을 세워보라는 뜻이 담겨 있는 거지."

저녁에는 부산 고모네 식구들이 오셨어요. 아이들은 작은방에 모여 한별이 오빠가 가져온 게임기를 들여다보고 있었어요. 그때 엄마가 기범이를 데리고 들어와 우리에게 말씀하셨어요.

"너희가 돌아가면서 이야기를 해 보는 게 어떨까? 이다음에 어른이 되면 무엇이 되고 싶니? 한 사람씩 차례대로 이야기해볼까? 이야기하는 사람은 일어서서 또박또박 말하고 듣는 사람은 앉아서 열심히 듣다가 이야기가 끝나면 손뼉을 치는 거야. 알았지?"

"네! 좋아요!"

"자, 그럼 누구부터 시작할까? 지웅이부터 해볼래?"

지웅이 오빠가 벌떡 일어섰어요.

"네, 저는 이다음에 커서 농부가 되고 싶어요. 그리고 식물학자도 되고 싶어요. 저는 채소나 꽃이 참 좋아요. 그것을 키우고 실험을 하는 것이 참 재미있어요."

우리는 모두 지웅이 오빠를 올려다보며 손뼉을 쳤어요. 그다음엔 미정이 언니가 일어섰어요.

"저는 세계 최초의 여자 우주선 선장이 되어 지구를 지키고 싶어요."

그다음은 한별이 오빠 차례예요.

"저는 우주선도 타고 싶고요. '웽웽' 꿀벌도 되고 싶어요. 재미있을 것 같아서요."

한별이 오빠의 말에 모두 깔깔 웃었어요.

"혜인은 뭐가 되고 싶니?"

"저는 전에는 간호사가 되고 싶었는데요. 요즘은 요리사가 되고 싶어요. 무엇으로 할지는 아직 결정 못 했어요."

"열심히 노력하면 둘 다 할 수 있을 거야."

그다음은 내 차례예요. 나는 자리에서 일어섰어요.

"저는 어린이들이 좋아하는 책을 쓰고 노래를 만드는 사람이 되고 싶어요."

내가 이야기를 마치자 언니 오빠들이 힘차게 박수를 쳐주었어요. 나는 괜히 얼굴이 빨개졌어요.

우리가 이야기를 마치자 엄마가 말씀하셨어요.

"너희 모두 다 훌륭한 꿈을 가지고 있구나. 열심히 노력하면 다 이룰 수 있을 거야. 너희가 꿈을 이룰 수 있도록 나도 도와줄게."

그때 기범이가 옆에서 손을 흔들며 뭐라고 옹알거렸습니다.

"기범이도 이야기하겠다고? 그래, 너는 커서 무엇이 되고 싶니?"

"엄마! 아빠! 떼떼니 찌뻐요."

기범이의 말에 모두 깔깔 웃습니다.

💬 이렇게 교감해요
여러 사람과 이야기를 나눌 기회를 만들어주세요.

명절이나 기념일 같은 때는 아이에게 신경 쓸 겨를이 없지요. 아이에게 그 날의 의미에 관해 이야기해주고, 생각할 주제를 하나 주세요. 그리고 그것을 그림으로 그리거나 글로 적게 해서 나중에 아이와 함께 이야기해보세요. 그러면 아이는 자신이 새로이 경험하는 일을 좀 더 의미 있게 만들 수 있습니다.

그리고 집안에서 여러 사람이 돌아가며 이야기를 나눌 기회를 많이 만들어주세요. 차례대로 순서를 지켜 자기의 의견을 발표하고 다른 사람의 이야기에 귀 기울이는 훈련은 아이들의 발표력과 민주적인 의사소통 능력을 발달시키고, 대인 관계에 자신감을 줍니다. 아이들은 아직 체계적으로 이야기하는 능력이 부족하므로, 때에 따라 적당한 질문을 해서 조리 있게 이야기하도록 이끌어주세요. 또 한 번에 너무 많은 사람이 말하면 아이가 지루해하므로, 이야기의 주제나 길이를 적당히 조절해주세요.

> 💬 교감육아 Guide ⑨
> **나이에 따른 말하기 지도법**

1. 1세

- 말로써 자신의 요구사항을 표현하기 시작합니다. 약 50개 이상의 단어를 사용하여 두세 단어의 전보식 문장으로 말하며 노래 한 구절을 암송할 수 있습니다.
- 이 시기에 아이는 생각과 느낌을 있는 그대로 말하므로, 자신의 말이 무시되면 무시당했다고 느낍니다. 그러므로 말을 가르칠 때 부모가 너무 무관심하거나 조급해하면 아이는 좌절하며, 이 것은 성격 형성에도 영향을 미칩니다.
- 아이와 분명한 발음으로 자주 이야기를 나누며, 아이의 말에 집 중해주세요. 그리고 아이가 새로운 말을 익히면 칭찬하고 격려 해주세요.

2. 2세

- 이즈음이면 2백여 단어를 말할 수 있습니다. 'ㄹ'과 'ㅅ' 계열의 발음이 아직 안 되며, 말의 차례를 바꾸기도 하고 생략하는 경우도 많습니다.
- 자기중심적 성향이 강하여 '하겠다', '~일 것이다' 등 의지를 나타 내는 동사를 쓰며, 1인칭 대명사를 많이 사용합니다.

- 이 시기에는 손짓이나 몸짓이 아니라 정확한 말로 자기표현을 하도록 지도하세요.
- 같은 단어를 반복하거나 주저하는 말더듬증 현상이 일시적으로 나타나기도 합니다. 이런 현상이 나타나면 민감하게 반응하지 말고 아이의 마음을 편안하고 느긋하게 해주세요.

3. 3세

- 말을 가장 많이 배우는 시기입니다. 9백 개에서 천 개 정도의 단어를 배워서 3~5개 단어로 구성된 문장을 사용하며, 문제를 해결할 때 언어를 사용하기 시작합니다. 부사를 많이 쓰긴 하지만 아직 올바르게 사용하지는 못하고, 듣는 것보다 자신이 말하는 것을 더 중시합니다.
- 질문을 많이 하며, 스스로 말하기 연습을 하거나 어른에게 말을 걸려고 일부러 아는 것을 묻기도 합니다.
- 말소리로 실험하고, 말의 음으로 놀이하는 것을 좋아하며 유머를 즐깁니다.
- 이 시기에는 기본언어가 습득되어 있으므로 정확한 언어를 사용하도록 가르쳐야 합니다. 가르칠 때는 아이의 언어 습관도 인정하면서 서서히 고쳐주도록 하세요.
- 아이의 말이 조리가 없을 때는, 말을 중간에 끊지 말고 다 들은 뒤 아이가 말한 것을 의문형으로 반복하며 되물으면서 정확한 단어의 예를 제시해주세요. 아이가 말한 것을 비평하기보다는,

스스로 말하는 것을 통해 자신의 오류를 파악할 수 있도록 하는 게 좋습니다.
- '어제, 오늘, 내일, 지금' 등의 시제와 기수, 서수 등을 적절히 사용하도록 도와주세요.
- 무의미한 말을 많이 하더라도 꾸중하지 말고 그 나이 또래의 유머를 이해하고 유머감각을 길러주세요.

4. 4~5세

- 네 살은 수다쟁이가 되는 시기입니다. 상스런 말도 잘 배우고, 경우 없이 어른 말도 흉내 내기도 합니다. 그러나 그저 생각나는 대로 수다를 떠는 것일 뿐, 어떤 상황을 자세히 설명하거나 상대방과 대화를 나눌 수준은 아닙니다. '나'라는 말을 필요 이상으로 많이 쓰곤 합니다.
- 다섯 살이면 일상생활에서 자기가 생각하는 것을 자유로이 표현할 수 있습니다. 대체로 예전보다 발음은 훨씬 더 정확해지고, 생각을 깊이 하며, 대화를 나눌 때 상대방의 말이나 태도에도 신경을 씁니다.
- 이 시기에는 친구나 가족 이외의 다른 사람과 접촉하고 대화를 나눌 기회를 많이 마련해주어야 합니다. 다른 사람과 말할 기회가 적은 아이는 아무래도 말수가 적어지게 됩니다.
- 아이가 겸손한 언어예절과 풍부한 어휘력을 갖게 하려면 어른들의 언어 습관에 신경 쓸 필요가 있습니다. 아이가 일상생활 속에

서 말로 표현하기 힘든 개념과 낱말을 익힐 수 있도록 도와주고, 대상에 따라 적절한 호칭을 사용하며, 사람 수에 따라 말소리의 크기를 조절할 수 있도록 도와주세요.

좌뇌와 우뇌를
이어주는 그림책

● 강아지똥

잠자기 30분 전, 책 읽을 시간이에요. 엄마는 책을 읽어주시려고 나를 무릎에 앉히셨어요. 나는 졸린 것처럼 일부러 엄마 가슴에 기댔어요. 엄마 가슴에서는 팔딱팔딱 듣기 좋은 소리가 나거든요.

오늘은 도서관에서 빌린 《강아지똥》을 읽기로 했어요. 엄마는 책 표지를 보면서, 이 이야기를 지으신 할아버지와 그림을 그리신 아저씨에 대한 이야기를 해주셨어요.

앞표지에는 흰 강아지가 돌담 옆에서 응가하고 있고, 뒤표지에는 강아지가 응가를 하던 자리에 노란 민들레가 피어 있는 그림이 있어요. 그럼 강아지가 민들레로 변한 것일까요? 엄마는 책을 읽으면서 그 비밀을 풀어보자고 하셨어요.

책을 한 장 넘겼어요. 귀여운 찰흙 인형처럼 생긴 것이 있는데, 이 책의 주인공인 강아지똥이래요. 엄마는 천천히 책을 읽기 시작하셨어요.

"돌이네 흰둥이가 똥을 눴어요. 강아지똥이에요. 참새가 강아지똥 곁에 내려앉아 콕콕 쪼다가 '에그 더러워' 하면서 날아가 버렸어요. 강아지똥은 서러워 눈물이 나왔어요. 저만치 있던 흙덩이가, '너는 더러운 개똥이야!' 하며 강아지똥을 보고 웃었어요. 강아지똥은 그만 울음을 터뜨렸어요."

책에는 강아지똥이 "으앙!" 하며 눈물을 흘리는 그림이 있어요. 나는 강아지똥이 불쌍했어요.

"그러자 흙덩이는 강아지똥을 달래주며 말했어요. '나도 예전엔 밭에서 곡식과 채소를 키웠지. 그런데 가뭄이 나던 때 아기 고추를 죽게 해버렸단다. 그래서 벌을 받아 달구지에 실려오다가 여기 떨어진 거야.' 그때 달구지가 오더니, 달구지 아저씨가 흙덩이를 보고, '이건 우리 밭 흙이잖아. 도로 갖다 놓아야지' 하며 달구지에 싣고 가버렸어요. 이제 강아지똥은 혼자 남았어요."

책에는 눈 오는 날 강아지똥이 쓸쓸하게 혼자 누워 있는 그림이 있어요. 그다음 장을 넘기니 노란 병아리가 여러 마리 있는데, 그 사이에 강아지똥이 쓰러져 있어요. 강아지똥은 죽은 걸까요? 엄마가 계속 책을 읽어주셨어요.

"봄이 왔어요. 어미 닭과 병아리가 지나가다 강아지똥을 보고 그냥 갔어요."

휴, 다행이에요. 강아지똥은 죽지 않았어요. 엄마가 그다음 장을 넘기셨어요. 비를 맞으며 엎드려 있는 강아지똥 옆에 파란 풀이 있네요. 나는 속으로 '풀아, 제발 떠나지 말고 강아지똥의 친구가 되어주렴' 하고 기도하면서 엄마의 이야기를 들었습니다.

"봄비가 내렸어요. 강아지똥 앞에 민들레 싹이 돋았어요. 강아지똥은 예쁜 꽃을 피운다는 민들레가 부러웠어요. 그런데 민들레가 말했어요. '내가 꽃을 피우려면 네가 거름이 돼줘야 한단다. 네 몸뚱이를 녹여 내 몸속에 들어와야 해.' 강아지똥은 그 말을 듣고 매우 기뻐 민들레 싹을 힘껏 껴안았어요."

"비는 사흘 동안 내렸어요. 강아지똥은 비를 맞아 잘게 부서졌어요. 부서진 채 땅속으로 스며들어 가 민들레 뿌리로 모였어요. 그리고 줄기를 타고 올라가 꽃봉오리를 맺었어요."

책에는 다 부서져 버린 강아지똥 그림이 있어요. 그런데 그것은 꼭 땅속에서 빛나고 있는 구슬 알갱이 같아요. 그 알갱이들이 민들레 속으로 들어가 연두색 별이 되었나 봐요. 민들레꽃은 그렇게 해서 피는 걸까요? 나는 강아지똥이 그렇게 착하고 아름답다는 것이 참 신기했어요. 그 귀여운 강아지똥을 다시 한 번 보고 싶어서 나는 또 책장을 넘겼어요.

"엄마, 여기 강아지똥이 있어요!"

속표지에 부서진 강아지똥이 캄캄한 땅속 같은 밤하늘에서 오색의 아름다운 구슬 알갱이가 되어 빛나고 있는 그림이 있네요. 강아지똥은 꽃을 피우고 하늘로 올라가 별이 된 걸까요?

🍀 이렇게 교감해요

매일 잠자기 30분 전에 책을 읽어주세요.

책 읽기가 아이의 언어나 정서, 인지 등 모든 측면의 발달에 좋다는 것은 잘 알고 계시죠? 더구나 엄마 아빠가 책을 읽어주면, 부모와 아이 사이가 더욱 깊어지고 아이 마음에 깊은 안정감을 줍니다. 책은 매일 시간을 정해서 읽어주세요. 낮에는 밖에서 노느라고 책을 보는 것이 어려우므로 잠들기 30분 전 정도가 적당합니다. 아이를 무릎 위에 앉히거나 몸을 붙여 앉아서, 아이와 같은 방향에서 책을 보도록 하세요.

책을 읽을 때는 먼저 책 표지의 그림을 보면서 아이에게 어떤 이야기인지 예측해보게 하세요. 제목·지은이·출판사·발행 연월일을 읽어주고, 저자에 대해 알고 있는 정보가 있으면 알려주세요. 이를 통해 아이는 책은 기계가 아닌 사람이 쓴 것임을 알게 되며, 책을 읽을 때 중요한 내용에 주의를 기울이는 습관을 갖게 됩니다. 글은 천천히 또박또박 읽되, 등장인물에 따라 목소리도 바꿔보고 의성어와 의태어를 적절히 써가며 재미있게 읽어주세요. 단, 지나친 기교나 어색할 정도의 과장은 금물입니다. 몸짓이나 구연에 지나치게 신경 쓰기보다는 엄마의 밝고 따뜻한 마음을 전하는 게 더 중요합니다.

그리고 아이의 언어 수준과 상상력, 주의집중 시간을 고려하여 표정과 반응을 살펴가며 읽어주세요. 한 번에 한 권의 책을 다 읽으려고 욕심 부리지 말고, 아이가 지루해하거나 딴청을 부리면 적당히 끝맺고, 지나치게 길거나 꼭 필요하지 않은 문장은 줄이거나 생략해도 됩니다.

책을 다 읽고 난 후엔 아이들의 반응이나 소감, 해석을 들어보세요. 무엇이 좋았는지, 어느 부분이 재미있었는지, 그 이유는 무엇인지 등 아이가 대답하기 쉬운 것을 개방적으로 질문하세요. 그리고 재미있었던 부분을 그림으로 그리도록 해보세요.

뇌는
이야기를 좋아한다

● 노란 신

"엄마, 나 이거 신을래요."

나는 신을 이것저것 신어보다가 삑삑 소리가 나는 빨간 운동화를 골랐어요. 그러자 엄마는 가게 아저씨께 말씀하셨어요.

"아저씨, 이것보다 한 치수 큰 걸로 주세요."

그때까지 기분이 좋았던 나는 화가 나기 시작했어요. 엄마는 늘 내 발에 맞지 않는 큰 신만 사 주세요. 돌아오는 길엔 너무 화가 나서 엄마에게 아무 말도 하고 싶지 않았어요.

"은이야, 엄마가 어릴 때, 은이 너만 했을 땐 말이야. 외할머니께서 남자아이들이 신는 파란 신만 사주셨단다."

"왜요?"

"발이 쑥쑥 자라서 엄마가 그 신을 못 신게 되면 외삼촌이 물려받아 신으라고."

"외삼촌 발이 엄마 발보다 크잖아요."

"아기 때엔 외삼촌이 엄마보다 발이 작았단다. 엄마는 여자아이들이 많이 신는 빨간 신이나 노란 신을 얼마나 신고 싶었는지. 그것도 발에 꼭 맞는 걸로 말이야. 큰 신을 신으면 달리기도 하기 힘들고 덜거덕거리잖아. 신발 안에 모래도 잘 들어가고."

나는 고개를 끄덕끄덕했어요.

"그런데 어느 생일날, 발에 꼭 맞는, 해바라기 꽃이 달린 노란 신을 선물로 받게 됐어. 얼마나 기뻤던지…. 신이 아주 예쁘고 아까워서 엄마는 나들이 갈 때만 신고 밤에는 머리맡에 두고 잤단다.

그런데 아이 때는 발이 빨리 자라니까, 발이 금방 커져서 몇 번 신지도 않았는데 그 신이 작아져 버렸어. 그 작아진 신을 신고 어느 여름날 외할머니랑 나들이 갔다 오는 길이었어. 그날은 비가 많이 왔어. 버스에서 내다보니 홍수가 나서 누런 흙탕물이 콸콸 흐르고 있었지. 아기인 외삼촌을 등에 업은 외할머니 손을 꼭 잡고 버스에서 내려서니, 큰길의 물이 무릎까지 차오르더구나. 그 흙탕물 속을 더듬거리며 한 발짝 앞으로 나아가려는데…."

엄마는 잠시 이야기를 멈추고 내 얼굴을 바라보셨어요. 그리고는 다시 이야기를 계속하셨지요.

"그만 신 한 짝이 벗겨져 물에 떠내려갔어. 엄마는 외할머니께 큰 소리로 '엄마, 신!' 하고 소리쳤지. 그 순간 또 한 짝마저 벗겨져 떠내려가 버렸어. 비가 그친 뒤 외할아버지랑 그 노란 신을 찾으러 가보았지만 끝내 찾을 수 없었단다. 무엇이든 너무 꼭 맞는 것은 오래 가질 수 없나 봐."

엄마는 내 얼굴도 보지 않고 혼잣말로 이야기하며 걸어가고 계셨어요. 나는 어쩐지 슬펐어요.

"은이야, 신이 커서 많이 불편하지? 집에 가서 신발 안에 스펀지 넣어 줄게."

나는 그냥 고개만 끄덕였어요.

그날 밤 꿈에 나는 물에 잠긴 노란 신을 보았어요. 엄마가 잃어버린, 커다란 해바라기 꽃이 달린 그 신 말이에요. 나는 얼른 신을 주워 가슴에 안았어요. 잠이 깨자 나는 엄마에게 달려갔어요.

"엄마, 그 노란 신, 내가 찾았어요! 꿈속에서요."

그러자 엄마는 웃으면서 나를 꼭 안아주셨어요.

🗨 이렇게 교감해요

엄마 아빠의 어린 시절 이야기를 들려주세요.

이야기는 아이를 즐겁게 하고 상상력과 창조력을 길러줍니다. 우리가 어린 시절을 생각하면 어른들 무릎에 누워 옛날이야기를 듣던 일이 떠오르곤 하지요. 그저 호랑이와 곶감 이야기 같은 것이었지만, 우리는 뻔히 아는 이야기도 또 해달라고 조르곤 했지요. 이야기를 듣다 보면 마음속에는 상상의 장면이 펼쳐지고 그것이 이야기가 함께 어울려 돌아갑니다. 또 어른과 아이가 함께 호흡하며 서로 마음이 통하게 됩니다. 이렇게 엄마 아빠가 아이에 대한 사랑의 표현으로써 해주는 이야기는 아이의 정신세계를 형성하는 데 지대한 영향을 준답니다.

그리고 엄마 아빠의 어린 시절 이야기를 들려주는 것은 아이에게 과거와 역사를 느끼게 해줍니다. 그것은 아이에게 자신이 경험하지 못한 일을 유추하고 공감하여 다른 사람의 생각과 표현을 존중하는 능력을 길러줍니다. 특히, 아이에게 엄마의 의견이나 감정을 이해시키기 어려울 땐, 어려웠던 시절에 엄마가 지금의 자기와 같은 마음으로 느꼈던 일에 관해 이야기를 나누어보세요. 그것은 엄마 아빠와 아이 사이에 있는 경험의 거리를 좁히는 데 큰 도움이 됩니다.

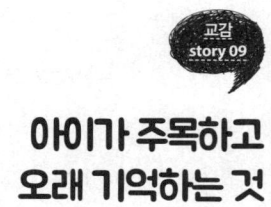

아이가 주목하고
오래 기억하는 것

● 짝짜꿍 이야기

"엄마, 짜짜! 아빠, 짜짜!"

기범이가 손뼉을 치며 '짝짜꿍' 노래를 불러요. 기범이에게 율동을 가르쳐줘야겠어요.

"기범아, 누나가 하는 걸 보고 잘 따라 해봐."

나는 기범이가 따라 하기 쉽게 '짝짜꿍' 노래를 천천히 부르면서 율동을 했어요. "엄마 앞에서 짝짜꿍, 아빠 앞에서 짝짜꿍" 부분을 할 때는 두 손을 차례로 가슴에 얹었다가 손뼉을 짝짝 치고 "엄마 한숨은 잠자고 아빠 주름살 펴져라"를 할 때는 엄마가 쿨쿨 주무시고 아빠가 쌀통에서 쌀을 한 줌씩 푸시는 흉내를 냈어요.

그런데 그걸 보시던 엄마가 한참 동안 깔깔 웃으시더니 말씀하셨어요.

"은이가 정말 율동을 잘 하는구나. 엄마가 '짝짜꿍' 노래의 노랫말에 얽힌 재미난 이야기를 해줄까?"

나는 얼른 엄마 앞에 앉았어요. 기범이도 나를 따라 하느라 얼른 내 옆에 앉는군요.

"옛날에, 아빠하고 엄마하고 예쁜 아기들이 살았거든. 그런데 큰 전쟁이 일어나서 집도 부서지고 다리도 무너지고 다친 사람도 많았단다. 전쟁은 끝났지만 먹을 게 없었어요. 아빠는 회사에 가도 돈을 벌 수가 없었어요. 전쟁 때문에 회사도 다 부서졌거든. 엄마는 집에 쌀이 없어서 밥을 할 수가 없었어요. 그래서 푸푸 한숨만 쉬었어요. 아빠는 너무 걱정을 많이 해서 이마에 주름이 생겼어요. 아, 그런데 예쁜 아기들은 엄마 아빠만 바라봐도 즐거워하네! 방긋방긋 해님처럼 웃으며 도리도리 짝짜꿍을 했어요. 한숨을 쉬던 엄마도, 주름살이 생겼던 아빠도 아기들의 재롱을 보니 '하하하' 웃음이 절로 나왔어요. 엄마 아빠는 아기들의 얼굴을 보며, 주먹을 불끈 쥐고 이렇게 다짐했단다. '그래, 힘들어도 열심히 살아보자! 우리에겐 희망이 있다!'"

엄마는 이야기를 마치시고는 '짝짜꿍' 노래의 노랫말을 다시 한 번 천천히 읊어주셨어요.

"응, 그래서 '엄마 한숨은 잠자고 아빠 주름살 펴져라'라고 하는구나. 엄마, 재미있어요."

나는 기범이와 얼굴을 마주 보며 웃었어요. 그리고 엄마와 함께 '짝짜꿍' 노래를 다시 한 번 불러보았습니다.

● 이렇게 교감해요

좌뇌는 리듬에 반응합니다.

동시는 리듬이 재미있고 특정한 말이나 의성어가 반복되므로 아이들이 좋아합니다. 동시를 듣는 것은 아이의 언어 표현력을 키울 뿐 아니라 정서를 순화시키고 상상력과 창의성을 발달시킵니다. 또 시를 암송하면 정신적 조직력이 강화됩니다.

아이가 특별한 경험을 했을 때는 그와 관련된 동시를 들려주세요. 추상적이고 상징적인 것보다는 아이의 생활이나 경험과 연관되어 아이가 공감할 수 있고 말의 리듬과 운율이 있는 것을 고르세요. 그리고 시를 읽을 때는 분위기를 살릴 수 있는 음악을 틀어놓고 소리의 높낮이를 변화시키면서 읽어주고, 아이에게 따라 읽게 하세요. 가족들이 좋아하는 시를 써 붙여놓고 식사시간이나 함께 외출할 때 차 안에서 외워보는 것도 좋겠지요. 또 아이가 노랫말의 의미도 모르면서 노래를 부르게 하지 말고 아이와 함께 그 뜻에 관해 이야기 나누는 것도 좋은 공부가 됩니다.

최고의 교감 도구,
동시

● 어디로 가니?

　엄마와 나는 운 맞추기 놀이를 자주 합니다. 엄마가 "은이야, 뭐 하니?" 하면, 내가 "소꿉놀이하니?" 하고 운을 맞춰 대답하는 놀이지요.

　오늘은 '어디로 가니?' 놀이를 하기로 했어요.

　시장에 가다가 강아지를 한 마리를 보고 엄마가 "강아지야, 어디로 가니?" 하셨어요. 그래서 나는 "엄마 찾아가니?" 하고 대답했지요.

　조금 더 내려오다 보니 어떤 아저씨가 자전거를 끌고 걸어가고 계셨어요. 그 뒤로 오빠 하나가 땀을 뻘뻘 흘리며 세발자전거를 타고 아저씨를 따라가고 있었어요.

　그걸 본 엄마가, "오빠야, 어디로 가니?" 하셨어요. 그러자 나는 "아빠 따라가니?" 하고 대답했지요.

가다 보니 나무 위로 참새가 푸드덕 날아갑니다. 이번에는 내가, "참새야, 어디로 가니?" 했어요. 그러자 엄마가 "짹짹짹 학교에 가니?" 하셨어요.

참새가 날아간 하늘을 보니 하얀 구름이 있어요.

엄마가 "구름아, 어디로 가니?" 하셨어요. 나는 "해님 따라가니?" 하고 대답했죠.

엄마가 또 "구름아, 어디로 가니?" 하셨어요. 나는 "달님 따라가니?"하고 대답했습니다.

이번에도 엄마가 "구름아, 어디로 가니?" 하셨어요. 나는 "별님 따라가니?"하고 대답했습니다.

● 이렇게 교감해요
말의 리듬에 익숙해지도록 해주세요.

아이는 어른과 다른 눈으로 사물을 보며, 느낀 대로 표현합니다. 신선한 창의성이 배어 있는 아이의 이러한 표현은 우리에게 새로운 감동과 즐거움을 줍니다.

동시 짓기는, 대상과 상황에 대한 자신의 느낌을 알맞은 말로 표현하면서 생각을 형상화하는 즐거움을 느끼게 하고 창의성을 발달시킵니다.

동시를 지으려면, 다양한 것을 경험하고 자기가 경험한 것에 대한 생각과 느낌을 말해볼 기회가 많아야 합니다. 봄날에는 빗방울 소리를 들으며, 가을에는 낙엽을 밟으며, 풀밭에 누워 하늘을 보며, 물놀이하거나 미끄럼틀을 타면서, 요리하면서, 꽃을 기르면서, 소풍 가거나 운동회를 할 때, 그 순간 아이의 마음에 일어나는 느낌을 말로 표현하도록 도와주세요. 또 평소에 엄마와 함께 노랫말을 낭송하거니 운 맞추기 놀이를 하면서 말의 리듬을 즐기며 익숙해지도록 해주세요.

그리고 아이에게 동시란 자기가 느낀 것을 리듬이 있는 짧은 말로 표현하는 거라고 이야기해주고, 종이와 사인펜을 항상 준비했다가 아이가 자신의 느낌을 표현하면 받아써 주세요. 그것을 한데 모아 아이와 함께 순서를 정해서 다듬으면, 멋진 시 한 편이 만들어질 겁니다.

교감육아가
IQ EQ를 높인다

● 글자 수첩

엄마와 시장에 갔어요. 나는 가는 길에 자동차에 쓰인 글자를 읽었어요.

"엄마, 저 파란 자동차에 내 이름이 씌어 있어요."

"어디? 응, 저건 '은이' 할 때, '이' 자가 아니라 '01'이라는 숫자야."

"'이' 자랑 똑같은데. '10' 자와도 똑같고요."

"그래, 비슷하지? 저렇게 모양이 비슷한 글자는 그 앞의 글자와 같이 보면 구별할 수 있단다."

나는 가는 길에 있는 가게들의 간판을 외웁니다.

"황룡방앗간, 쌍둥이슈퍼."

"은이야, 저 슈퍼의 간판을 한 자석 손으로 가리키며 읽어봐."

"쌍, 둥, 이, 슈, 퍼. 어, 글자가 두 개 남네."

"그래, '쌍둥이슈퍼' 주인아저씨가 간판을 '쌍둥이쇼핑센터'로 바꿨거든. 봐, 쌍, 둥, 이, 쇼, 핑, 센, 터. 두 글자가 더 많지?"

"아저씨가 언제 간판을 바꾸셨지?"

슈퍼 안으로 들어갔어요.

"엄마, '뽀-' 과자 사 주세요."

"'뽀-' 과자가 뭐야? 아, '뽀또' 과자! 이 '뽀'자 뒤의 글자는 '또'라고 읽는 거야."

또 새로운 글자 하나를 알게 되었어요.

나는 집에 돌아와서 과자 봉지에 쓰인 '또' 자를 조심스레 가위로 오렸습니다. 자, 오린 것을 상자 안에 넣을까요? 내가 오린 글자를 상자 안에 넣는 것을 엄마도 옆에 와서 보십니다.

"그 동안 우리 은이가 글자를 많이도 모았네. 가만있자, 이걸로 책을 만들면 좋겠는데?"

엄마는 일어나셔서 표지가 빨간 비닐 표지의 헌 수첩 하나를 찾아오셨어요.

"은이야, 네가 모은 글자들을 이 수첩에 붙여서 책으로 만들어봐. 수첩이 글자로 꽉 차면 그때 멋진 파티를 열자."

"좋아요. 그럼, 내 이름인 '나은이'부터 붙일까요?"

엄마와 나는 풀을 들고 수첩에다 글자를 붙이기 시작했어요. 맨 처음에는 '나은이', 그 다음에는 '아기', 그 다음에는 '가자'….

💬 이렇게 교감해요

생활 속에서 글자와 말뜻을 함께 익히도록 가르치세요.

아이가 글자를 읽을 수 있으면, 혼자서 책을 읽고 여러 가지 지식에 접근할 수 있으므로 주변의 일에 대해 더 잘 알게 됩니다. 또 밖에서 간판이나 표시 같은 것도 읽을 수 있으므로, 행동에 자신감이 생깁니다. 이것은 아이의 자아 성장에 큰 도움이 됩니다. 또 독서를 즐기게 되면 전반적인 학습 능력 향상에 큰 도움이 됩니다.

그러니, 아이가 세 살 반이 되면 슬슬 읽기를 가르쳐보세요. 배우는데 한 1년쯤 걸릴 것을 예상하시고요. 우선 글자와 친해지도록 하고, 책을 잡고 앉아서 가르치기보다는 생활 속에서 글자를 익히도록 가르치세요. 이 시기의 아이들이 글자를 읽는 것은 필수적인 것은 아니므로 강요하지는 마세요. 한꺼번에 서두르며 가르치다 보면, 아이가 읽기에 염증을 느낄 수도 있으니까요. 그리고 뜻도 모르면서 소리내어 읽기와 쓰기만 반복하게 하지 말고, 글자의 모양과 함께 그 뜻과 생활 속에서 쓰이는 맥락을 이해할 수 있도록 가르쳐주세요.

- 우선 글자에 관심을 갖게 하세요. 교육용 동영상 같은 것을 이용하면 좋겠지요.
- 글자의 모양을 보고 만져서 감각으로 느끼고 친숙해지게 해주세요. 글자 입체 블록이나 도형 카드 등을 이용하면 좋겠지요. 받침이 없는 쉬운 글자부터 시작하는 게 좋겠지만, 아이가 특히 흥미를 느끼

고 배우고 싶어 하는 글자가 있다면 그것부터 가르쳐주세요.
- 글자의 모양이 말뜻과 연관이 있다는 것을 가르쳐주세요. 그림과 글자가 있는 짝짓기 카드나 간단한 글자가 쓰인 그림책들, 생활 속에서 읽을 수 있는 글자들을 활용하세요.
- 글자를 어떻게 읽고 쓰는지 자연스럽게 볼 기회를 많이 만들어주세요. 장난감 상자에 이름표를 써 붙이고, 놀이의 소품으로 글자로 쓴 표지판 등을 준비하세요. 요리할 때는 글과 그림으로 된 순서표를 만들고, 식구들이 함께 게임을 할 때는 커다란 종이에다 글과 그림으로 규칙을 써서 벽에 붙여놓으세요. 다른 아이들과 함께 놀 때도 음식점 메뉴를 쓰거나 물건의 가격표를 만들면 자연스럽게 읽기와 쓰기를 연습할 수 있겠지요.
- 단순히 글자와 소리만을 연결하는 형식적 공부(ㄱ, ㄴ을 반복해서 쓰거나 '가나다라' 노래를 부르는 것과 같이)보다는 그림책 읽기, 간판 보기, 잡지에서 아는 글자 찾기와 같이 구체적인 경험을 통해 읽기 연습을 할 수 있도록 하세요. 책을 읽어줄 때도, 글자의 모양을 가르치기 전에 그림을 단서로 해서 각각의 페이지에 담긴 이야기의 뜻을 먼저 이해하게 하세요. 그러면 아이는 책 속의 글자들이 무작위로 나열된 것이 아니라 의미 있는 순서로 배치되어 있다는 것을 깨닫게 됩니다.

아이의 대화 능력은 곧 자신감

💬 나의 그림책

책을 읽다 말고 엄마가 말씀하셨어요.

"은이야, 우리 이야기책을 만들어보자."

"어떻게요?"

엄마는 도화지 몇 장을 묶어서 들고 오셨어요.

"무슨 이야기든 해봐. 엄마가 적어줄 테니까. 그리고 네가 그림을 그리렴. 자, 그럼 시작해볼까? 무슨 이야기를 하고 싶니?"

"아기 금붕어 이야기를 하고 싶어요."

"좋아. 아기 금붕어는 어디에 있니?"

"할아버지 집 어항에요."

"좋아요. 첫 페이지는 그것으로 하자."

엄마는 첫 페이지에 커다란 글씨로 정성껏 이렇게 쓰셨습니다.

'아기 금붕어는 할아버지 집 어항에 있습니다.' 나는 엄마가 쓴 글 밑에다 어항 속에 있는 금붕어 그림을 그렸습니다.

"자, 아기 금붕어에 대해 무엇을 말하고 싶니?"

"아기 금붕어는 빨간 옷을 입고 있어요. 그 옷은 반짝거려요."

엄마는 다음 페이지에 내가 말한 그대로 쓰셨어요. 나는 빨간 금붕어를 그리고 그 위에 풀칠하고 반짝이 가루를 뿌렸어요.

"또 아기 금붕어에 대해 무엇을 말하고 싶니?"

"아기 금붕어는 입만 뻐끔거려요. 고향 집에 두고 온 엄마가 그리운가 봐요."

엄마는 그대로 받아 적고, 나는 또 그림을 그렸습니다. 또 그다음 페이지에는 이렇게 썼어요.

'내가 아기 금붕어를 지켜줄 거예요. 금붕어야, 걱정하지 마.'

그리고 내가 아기 금붕어를 안아주는 그림을 그렸어요.

이야기는 거기서 끝났어요. 엄마는 표지에 예쁜 글씨로 '은이의 책'이라고 쓰고 내 사진도 한 장 붙여서는 예쁘게 비닐로 싸주셨어요. 야, 정말 멋져요! 그러니까 진짜 책 같아요.

"자, '은이의 책'이 완성됐다. 한번 읽어볼까?"

엄마는 큰 소리로 내가 만든 그림 이야기책을 읽어주셨어요. 나는 신이 나서 몇 번이고 읽어달라고 졸랐지요. 몇 번이나 읽어주시던 엄마는 "이 책을 복사해야겠다. 할아버지와 할머니께도 보여드리게"라고 말씀하셨어요.

● **이렇게 교감해요**

읽기를 배우기 시작할 무렵 아이의 책을 만들어주세요.

아이가 말하는 것을 받아써서 책을 만들어주세요. 아이가 흥미를 갖는 주제를 정하고, 한 페이지에 한 문장씩 받아 적으세요. 아이가 무슨 말을 하든, 그대로 받아쓰다가 아이의 흥미가 식을 무렵 적당히 끝맺고 진짜 책같이 만들어주세요. 아이의 흥미를 끌기 위해서는 매력적인 표지가 중요하므로, 표지에는 저자의 이름과 제목을 반드시 적어주세요.

이를 통해 아이는 자신의 말이 글자로 전환되는 것을 보게 됩니다. 아이들은 말과 글의 관계를 이해하지 못하므로, 글자 하나하나가 모여 단어가 이루어진다는 것을 모르고 한 글자가 한 낱말 전체를 뜻한다고 생각합니다. 그러므로 아이의 말을 받아쓸 때, 아이에게 지금 쓰고 있는 말이 무엇인지 얘기해주면서("지금 엄마는 '옷을'까지 썼어. 그 다음에는 뭐라고 했지?") 엄마의 쓰는 속도에 맞추어 말하도록 하세요.

아이가 직접 책을 쓰고 싶어 하면 필요한 글자를 가르쳐주세요. 글씨가 쓰는 게 서툴고 맞춤법이 틀리더라도 무엇이든 칭찬해주고, 책이 완성되면 복사해서 다른 어른이나 친구들에게 나누어주고 자랑도 하게 하세요. 이것은 이야기하고 글로 쓰는 능력을 모두 발달시키며 아이에게 커다란 자신감을 심어줍니다.

교감의 폭을
넓히는 방법

● 아빠에게 드릴 생일 카드

엄마가 초록색 크레파스로 그림을 그리고 계세요.

"엄마, 지금 뭐 하세요?"

"아빠에게 드릴 생일 카드에 그림을 그리고 있어요."

"무슨 꽃을 그리고 계세요?"

"응, 이건 덩굴 그림이야. 크레파스를 들고 손을 떼지 않고 동그라미를 스프링 모양으로 계속 이어서 그리다가, 맨 처음의 동그라미와 만나게 한 거지."

"나도 해봐야지."

나는 빨간 크레파스를 들고 손을 떼지 않고 계속 동그라미를 그렸어요. 내가 그린 덩굴들은 비뚤비뚤 커졌다가 작아졌다가 해요. 그런데도 엄마는 그걸 보시더니 손뼉을 치셨어요.

"야, 멋있다! 큰 동그라미도 있고 작은 동그라미도 있네! 꼭 고리 모양의 액자 같다. 이 안에 사진을 붙이면 되겠네!"

"맞아. 거기에다 아빠하고 찍은 사진을 붙여주세요. 나도 이걸로 아빠 생일 카드를 만들래요."

나는 동그라미 안에다 사진을 붙여서 카드를 만들었습니다. 카드 안에는 뭐라고 쓸까요?

"엄마, '아빠, 사랑해요! 생일 축하합니다!'라고 써주세요."

"엄마가 글자본을 만들어줄게. 네가 직접 써보렴."

엄마는 셀로판지에 굵게 글씨를 쓰고 칼로 오려서 글자본을 만들어주셨어요. 나는 글자본을 따라서 조심스레 '아빠, 사랑해요!'라는 글자를 그렸습니다. 이왕이면 반짝이 글씨도 만들어볼까요? 나는 종이에 풀을 잔뜩 바르고, '생일 축하합니다!' 글자본을 놓고 신나게 반짝이를 뿌린 뒤 글자본을 들어냈어요. 참, 내 이름도 써야지요. 나는 크레파스를 꼭 쥐고 카드 맨 밑에 '나은이'라고 예쁘게 써넣었어요. 엄마는 내가 쓴 것이 '40201'하고 비슷하지만 잘 썼다고 하셨어요. 그게 무슨 말일까요?

"엄마, 카드에 무지개도 그리고 싶어요. 그런데 종이가 꽉 차서 무지개를 그릴 곳이 없어요."

"무지개는 따로 그려서 카드 위에 손잡이처럼 붙이렴. 그러면 카드가 예쁜 가방처럼 보일 거야."

"맞다. 그러면 되겠다! 도형 카드를 가져와서 무지개를 그려야겠어요."

나는 반원 모양의 도형 카드를 가져다가 종이 위에 놓았어요. 그리고 커다란 반원을 그린 다음 그 안에 더 작은 반원을 여러 개 그렸어요. 여기다 무지개 색칠을 하면 무지개가 되거든요. 엄마는 하얀 종이에 솜을 붙여 구름도 만들어주셨어요. 자, 이걸 오려서 카드에다 붙일까요?

"히힛, 이 예쁜 생일 카드를 받으면 아빠가 얼마나 기뻐하실까!"

그 생각을 하니, 카드를 들여다볼 때마다 웃음이 나와요.

💬 이렇게 교감해요
생활 속에서 쓰기가 필요하다는 것을 강조해주세요.

서너 살이 되면 아이는 엄마에게 글자를 써 달라고도 하고, 연필을 들고 긁적거리며 쓰는 시늉도 합니다. 쓰기 활동은 손의 신경과 근육의 발달 정도와 연관되므로 익히는 데 시간이 걸립니다.

아이가 글자 쓰기에 관심을 보이면, 줄이 쳐지지 않은 공책과 심이 굵은 연필이나 단단한 사인펜 등을 마련해주고 마음껏 선을 긋고 낙서하게 하세요. 또 도형의 안쪽을 직선이나 곡선으로 채워 넣거나, 덩굴 그리기나 직선 그리기와 같이 곡선은 부드럽게, 직선은 반듯하게 그을 수 있도록 훈련하는 기초적인 쓰기 활동을 많이 하게 하세요.

아이가 자기 이름을 읽을 수 있게 되면 쓰는 방법을 가르쳐주고,

평소에 색연필과 종이를 가까이 두고 이름이나 표지판을 쓰는 등의 쓰기가 필요하다는 것을 강조해주세요(편지 쓰기, 놀이할 때 돈 만들기, 전화번호 적기 등). 또 아이가 글자를 그리기 시작하면, 글자의 모양이나 맞춤법에는 신경 쓰지 말고 아이의 수준을 인정하며 칭찬해주세요. 그리고 글자란 하나의 약속이므로 다른 사람이 알아볼 수 있게 쓰면 더욱 좋다고 이야기해주세요.

> 🗨 교감육아 Guide ⑩
> ## 좋은 책을 고르는 방법

책은 무엇보다도 아이의 수준에 맞는 것을 골라야 합니다. 아이들은 조금이라도 자기 수준보다 어려운 책은 무의미하게 책장만 넘기거나 아예 쳐다보지 않을 수도 있습니다.

1. 2세

- 아직 손가락 움직임이 능숙하지 않아 책장을 넘기기 어려우므로 두꺼운 종이로 된, 이음새가 튼튼한 책이 좋습니다.
- 동물이나 자동차 등 물체 그림이 담긴 것을 좋아하며, 그림의 수는 많지 않아도 됩니다. 제 또래의 아이와 엄마 아빠의 생활을 담은 그림도 좋아하며, 다른 사람이나 동물의 그림을 자신과 부모의 모습으로 해석하기도 합니다.
- 그림은 밝고 단순하고 색채가 선명하며, 비교적 크고 사실적인 것이 좋습니다. 만화 캐릭터 같은 그림은, 처음으로 사물의 모양과 이름을 배우는 아이들에게 혼란을 주므로 피하는 게 좋습니다.

2. 3세

- 이 시기에는 말도 제법 할 줄 알고 기억력과 관찰력도 어느 정도

생기며 흥미로워하는 것도 구체적입니다. 동물을 의인화시킨 책도 좋아하는데, 아직은 그림이나 책 전체의 내용을 연관을 지어서 보기보다는 "개가 있다. 자동차가 있다" 식으로 그림 하나하나를 따로따로 보는 경향이 많습니다.

- 그림은 단순하고 선명하며, 두 살 때보다 등장하는 사람, 동물, 사물의 움직임이 좀 더 많은 것이 좋습니다. 아이가 이해할 수 있는 짧은 글이 함께 있으면 더욱 좋겠지요.
- 이 시기에는 자립하려는 의지가 강하므로, 옷 입기, 목욕하기, 질서 지키기 등 기본적인 생활 습관을 한두 문장 정도의 글과 함께 실어놓은 책이 유용합니다.

3. 4세

- 이전까지는 글보다 그림에 관심이 더 많았고 그림을 보면 그림 자체보다는 자기가 알고 있는 실제의 것을 생각했다면, 이제는 그림을 구석구석 살피고 질문하며 그림에서 새로운 것을 알려고 합니다. 또 한 장의 화면을 하나의 장면으로 이해할 수가 있습니다.
- 간단한 이야기가 담긴 그리 어렵지 않은 글은 좋아하며 금방 배우기도 하고, 마음에 드는 건 자주 읽어 달라고도 합니다. 그러나 한 권의 책이 하나의 이야기로 이루어져 있다는 것은 아직 이해하지 못합니다.
- 이 무렵에는, 그림이 꼭 사실화일 필요는 없지만, 너무 추상적인

그림은 좋지 않고, 색채는 원색만이 아니라 중간색도 섞인 부드러운 것이 좋습니다.
- 또 책의 내용이 올바르고 좋은 것인지도 신경 써야 합니다. 책의 종류도 좀 더 다양한 것이 좋은데, 대체로 계절이나 동식물의 변화를 다룬 것을 좋아합니다.

4. 5세
- 이때는 비교적 긴 이야기를 좋아합니다. 간단한 만화를 즐겨보기도 하며, 그림보다는 글을 중심으로 해서 삽화를 곁들인 책을 좋아하고, 사람이 아닌 동물이나 사물이 의인화되어 주인공으로 등장하는 것도 좋아합니다.
- 그림은 주로 일상생활과 관련된 것을 좋아하며, 자연 생태계에 대한 관심도 많아 자연 도감 같은 것도 많이 봅니다.
- 이 무렵에는 감정을 표현하는 즐거운 줄거리를 담고 있고, 삽화가 이야기의 내용을 설명해줄 수 있는 책이 좋습니다. 한 장에 쓰인 글은 다섯 줄 내외가 적당합니다.
- 동요·동시·전래동화·자연 도감·과학 이야기·위인전 등 다양한 종류를 읽게 하되, 현실적이고 논리적인 내용을 담은 책과 감정생활과 상상 세계의 문을 열어주는 환상적인 이야기를 담은 책을 균형 있게 읽힐 필요가 있습니다.
- 숫자와 그림을 연결한 책이나 반대말·비슷한 말·형용사·부사 등 다양하고 재미있는 낱말들이 반복되어 나오는 책은 인지 발

달과 언어 발달에 도움이 됩니다.

6장
바로 시작하는 실전 교감육아

지금 당장 시작하는
생활 속 IQ EQ 육아

 육아책에 실린 예능 교육에 관한 글을 보면, 어릴 때부터 아이들의 소질과 재능을 어떻게 계발할 것인가에 초점을 둔 것이 많은데, 여기서는 좀 다른 관점에서 이 문제에 관해 이야기해볼까 합니다.

 요즘은 우리 생활에서 문화가 차지하는 비중이 높아졌습니다. 많은 사람이 자연스럽게 노래와 춤을 즐기고 악기를 연주합니다. 그리고 생활용품 하나를 고를 때도 미적·문화적인 요소에 신경을 쓰며, 문화작품들을 감상하고 소비하는 인구도 많이 늘었습니다. 그에 따라 사회에서 문화와 관련된 산업이나 직업의 비중도 높아지고 있지요.

 우리의 아이들이 살아갈 미래 사회는 지금보다 훨씬 더 그렇게 되겠지요. 우리 아이들에게는 문화생활을 하는 것이 지금보다 더 자연스럽고 보편적인 일이 될 것이며, 더 다양한 문화를 즐기겠지요. 또 문화와 관련된 산업이나 직업에 종사하게 될 아이도 많겠지요.

이런 현실을 살펴볼 때, 우리 아이들의 예능 교육은 어떻게 해야 할까요? 유명한 예술 영재들을 모델로 삼아, 어릴 때부터 악기 연주나 그림 그리기 기술이나 어른 뺨치게 춤을 잘 출 수 있는 기교를 연습시키고, 조기에 재능을 발견하는 것을 목표로 할까요? 아니면, 어떤 예술 작품이든 척 보고 듣기만 해도, 제목·작가·작가의 생애·작품 경향까지 줄줄 외워서 말할 수 있는 예술 주변의 지식인으로 만드는 걸 목표로 할까요?

정말로 중요한 것은 우선 아이가 어른의 문화가 아닌 아이 자신의 문화를 즐기고 예술 작품에 대한 자신의 눈과 귀를 가질 수 있도록 경험을 쌓는 것, 아이의 마음속에서 자신만의 고유한 소리와 몸짓을 찾아내고 표현하는 것, 또 그러한 감성을 계발하고 보존하는 것입니다. 이것이 되면 나머지 것들은 아이가 더 자란 뒤에 스스로 찾아서 배우게 해도 늦지 않습니다.

이 장에서는 이러한 주제에 대해 자세히 이야기해볼까 합니다.

지능은
자존감에서 비롯된다

● 내 마음의 색깔

그림을 그리려고 도구 상자를 꺼냈어요. 큰아버지께서 오셔서 물감 두 개를 집어 드셨어요.

"노란 물감과 파란 물감을 섞으면 어떻게 될까?"

나는 영문을 몰라 큰아버지의 얼굴을 쳐다보았어요. 큰아버지께서는 접시에 노란 물감과 파란 물감을 조금씩 부으시고 붓으로 물감을 섞으셨어요.

"야, 초록색이 되었다! 아빠 색깔이야!"

어릴 때 나는 색깔을 분간할 줄은 알았지만, 색깔의 이름은 잘 몰랐어요. 그래서 블록 장난감을 가지고 놀 때나 실로폰 건반을 두드릴 때, 또 방의 천장에 달린 새 모빌을 볼 때마다 여러 색깔을 이렇게 불렀어요.

"은이 색, 엄마 색, 아빠 색, 할아버지 색, 할머니 색…."

그러면 엄마는 이런 노래를 부르셨지요.

"엄마 색은 빨간색, 아빠 색은 초록색

할아버지 색은 파란색, 할머니 색은 주황색

우리 아기 마음의 색깔은 병아리색 노란색!"

내가 길을 가다가 신호등을 보고 "엄마가 아빠로 됐네!" 하면 엄마는 이렇게 말씀해주셨어요.

"그래, 빨간 불이 초록색 불로 바뀌었네."

그 덕분에 나는 색깔 이름은 조금씩 알게 되었어요. 지금도 초록색을 보면 아빠 생각이 나요.

"신기하니? 그럼 이번에는 은이가 빨간 물감과 노란 물감을 섞어보렴."

나는 큰아버지께서 하셨던 것처럼 접시 위에 빨간 물감과 노란 물감을 붓고 신 나게 섞었어요.

"야, 이번에는 주황색이 됐네! 할머니 색깔이잖아!"

이번에는 파란 물감과 하얀 물감을 섞어보았어요.

"야, 색깔 참 예쁘다. 큰아버지, 이건 무슨 색이에요?"

"어린이들 마음의 색깔같이 시원하고 곱지? 그건 하늘을 닮은 하늘색이란다."

나는 하늘색이 참 좋아요. 이제 노란색은 기범이에게 주고, 하늘색을 내 색깔로 해야겠어요.

💬 이렇게 교감해요

미술 놀이를 통해 아이가 자신을 표현하도록 도와주고, 의사소통하며 공감해주세요.

아이에게 미술 놀이는 취미가 아니라 어른의 노동과 같은 역할을 합니다. 인간이 원숭이에서 진화할 때처럼, 아이도 혼자 걷게 되면서 자유로워진 손으로 노동을 시작하고 도구를 사용하는 것입니다. 그래서 아이들은 매일 그림을 그립니다. 그러나 어른처럼 특별한 목적이 있는 것은 아니고 그저 좋아서 그리는 것이므로 그림에 자신의 인격 전체를 솔직하게 드러냅니다.

아직 글을 자유롭게 쓰지 못하는 아이에게 그림은 내면의 진실을 표현하는 유일한 수단입니다. 인류사를 살펴보더라도, 글자보다는 그림으로 기록하고 의사소통한 시기가 길었습니다. 아이의 그림은 보고 즐기기 위한 것이라기보다는 내면에 잠재된 것을 드러내기 위한 것이므로, 누군가가 내용을 묻고 이해해줄 때 비로소 완성됩니다.

미술 교육의 목적은 화가를 만들거나 대회에서 상을 받기 위한 것이 아니라, 아이가 자신의 인격을 표현하는 것을 도와주고 의사소통하며 공감하기 위한 것입니다.

아이에게 미술 놀이 재료를 준비해주고 화구 쓰는 법이나 칠하는 법을 가르쳐주고, 그리기의 기쁨을 맛보면서 마음대로 그림을 그릴 수 있는 환경을 만들어주세요. 그리고 무엇을 그린 것인지 알 수 없더라도 격려해주며 대화를 나눠보세요. 이렇게 아이의 상상력이 자연스럽게 발달되어서 생각의 폭이 넓어지고, 자신의 존재를 확인하는 자긍심을 키울 기회를 만들어주세요.

창의 두뇌를 찾아주는 미술 교육

● 하품하는 호랑이

할머니께서는 낮잠을 주무시고 계세요. 나는 대청마루에 나와 앉았어요. 모두 나가고 집에는 아무도 없어요. 나는 엄마 생각이 나서 '햇볕' 노래를 듣습니다.

이 노래는 내가 엄마 뱃속의 아기집에 살 때 매일 엄마가 들려주신 노래래요. 그래서인지 이 노래를 들으면 마음이 편안해지고 가슴에 햇빛이 쏟아져 들어오는 것 같아요. 그리고 하늘을 보고 눈을 감으면 눈앞에 빨간 커튼이 내려오고, 그 커튼 위로 그림이 떠올라요.

집에서 그림을 그릴 때면 엄마는 음악을 틀어주셨어요. 그러면 나는 음악 소리에 맞춰 크레파스를 들고 스케치북에다 생각나는 대로 그림을 그리고 색칠을 하곤 했어요.

오늘은 노래를 듣다 보니 동물원에서 보았던 호랑이가 생각났어요. 호랑이는 낮잠을 자다가 일어나 "아함" 하고 하품을 하다가 눈앞에 날아다니는 새들을 보고 "어흥" 했어요. 새들은 깜짝 놀라 포르르 날아가 버렸지요. 나는 하품하는 호랑이와 깜짝 놀란 새들을 그렸어요. 그리고 그것을 쳐다보며 서 있는, 모자를 쓴 나와 기범이와 엄마 아빠도 그렸어요.

학교에 갔다 온 지웅이 오빠가 그걸 보고는 묻습니다.

"은이야, 그림 그리니? 근데 왜 동그라미만 잔뜩 그렸니?"

"하품하는 호랑이 그림이야. 호랑이가 하품하니까 새들이 깜짝 놀라서 동그랗게 됐어."

"이 옆에 칠한 빨간색은 뭐니?"

"하늘이야."

낮잠을 주무시던 할머니께서도 일어나 내다보셨어요.

"새를 참 많이 그렸구나. 아빠와 엄마는 어디 있니?"

나는 그림 속의 아빠와 엄마를 가리켰어요.

"엄마가 아빠보다 훨씬 크네."

"봐, 할머니는 내 그림을 알아보시잖아."

나는 지웅이 오빠에게 입을 삐죽 내밀었어요. 그리곤 이번 주말에 엄마 아빠가 오시면 이 그림을 보여드려야겠다고 생각했어요. 엄마 아빠는 내 그림을 다 알아보실 테니까요.

💬 이렇게 교감해요

틀에 얽매이지 않고 감성을 표현할 수 있도록 도와주세요.

아이들은 어른이 알아볼 수 없는 그림을 많이 그립니다. 아이가 사람을 그리는 과정은 개구리 알이 올챙이에서 개구리로 변하는 과정과 비슷합니다. 한두 살 때는 어깨나 팔꿈치의 힘으로 의미 없는 낙서를 하다가, 세 살이 되면 손의 힘으로 그림을 그리며 자기의 낙서에 의미를 부여하기 시작합니다. 그러다 네 살이 되면 내용이 있는 그림을, 다섯 살이 되면 어른이 봐도 알아볼 수 있는 그림을 그립니다.

아이에게 미술 교육을 할 때 올챙이가 개구리로 변하는 과정을 지켜보지 못하고 무턱대고 어른의 그림을 가르치려고 하는 것은 옳지 않습니다. 그리기를 처음 시작하는 아이들에게 어른들은 대체로 꽃과 나비 등의 약화를 가르치며 어른의 그림을 모방하여 잘 그리는 기술을 가르치려고 합니다. 그러나 이렇게 어른의 그림을 베껴 그리게 하면, 아이 내면의 이미지는 죽게 되며 그리기 발달 과정이 왜곡될 우려가 있습니다. 더구나 어른의 시각으로 아이의 그림을 평가하며 색깔과 모양, 구도를 간섭하다 보면, 아이의 창의력과 표현력은 그대로 묶여버립니다.

아이와 어른은 사물을 보는 시각은 다릅니다. 그러므로 아이에게 구도나 원근법부터 가르치면서 고정관념을 심어주려 하지 말고, 자신의 느낌과 감성을 틀에 얽매이지 않고 그대로 표현할 수 있도록 도와주세요.

오감 미술 교육이 정서를 키운다

● 마술의 밀가루 반죽

엄마가 빵을 만들려고 밀가루 반죽을 하고 계세요.

"엄마, 나도 빵을 만들래요. 밀가루 좀 주세요."

그러자 엄마는 밀가루 한 덩이를 뚝 떼어주셨습니다. 나는 밀가루를 치대고 조몰락거립니다. 물렁한 반죽을 만지고 있으니 기분이 참 좋아요.

그걸 보고 계시던 엄마가 내게 말씀하셨어요.

"엄마가 마술을 부려볼까?"

"무슨 마술이요?"

"네가 잠깐 밀가루 반죽이 된다고 상상하는 거야. 그럼 엄마가 너를 어떤 모양으로 만들어줄게."

"네, 재미있을 것 같아요. 빨리 마술을 걸어주세요."

그러자 엄마는 머릿수건을 뒤집어쓰고 쓰고 마술사가 되어서는 내게 마술을 거셨어요.

"자, 눈을 감아봐. 수리수리 마수리 알랑알랑 꽁꽁. 은이가 밀가루 반죽이 되어라. 얍!"

그리고 부드러운 목소리로 말씀하셨어요.

"너는 축축하고 하얀 밀가루 반죽 덩어리다. 내가 너를 잠깐 어떤 모양으로 만들 것이다."

엄마는 내 팔과 다리를 오므렸다 폈다 하셨어요. 그리고 머리를 기울여보기도 하고 몸을 돌려보기도 하셨습니다.

"이제 다 만들었으니, 그늘에 말려야겠다. 자, 가만히 앉아서 마르고 있어라."

나는 엄마가 만들어주신 모양대로 팔을 들고 고개를 숙인 채 가만히 앉아 있었어요.

"이제 다시 너는 본래 은이의 모습으로 돌아갈 것이다. 그러려면 네가 다시 부드럽게 되도록 마술의 샘물을 붓고 특별한 주문을 외워야 한다."

엄마는 내게 마술의 샘물을 붓는 시늉을 하고 주문을 외우셨어요.

"자, 마술이 풀렸다! 네가 밀가루 반죽이 된 동안 엄마가 너를 무엇으로 만들었을 것 같니?"

"아기 천사요. 날개가 달려 있고 나팔을 들고 있어요."

"그럼, 그대로 한번 만들어보렴."

나는 밀가루를 주무르며 아기 천사를 만들기 시작했어요.

💬 **이렇게 교감해요**

아이와 함께 찰흙 놀이와 같은 다양한 공작 놀이를 해보세요.

만들고 꾸미는 공작 놀이를 통해 아이는 형태에 대한 지각, 공간 개념과 색채 감각, 질감, 도구 사용법 등을 배우며, 이러한 과정을 통해 시각이 예민해지고 수학적·과학적 지식도 배웁니다. 또 소근육이 발달하고 여러 신체기관의 협응력이 발달하며, 미적 안목과 디자인 감각을 기르고, 풍부한 정서와 상상력을 키울 수 있습니다. 또 여러 가지 재료를 모으고 탐색하고 다루는 과정은 주위환경을 더 아름답게 가꾸고 창조하는 도덕성을 심어줍니다.

특히 찰흙은 자유롭게 주무르며 긴장감을 해소하는 훌륭한 입체 재료로서, 뭉치기, 방망이로 밀어 모양을 찍기, 똑똑 뜯어보기, 손바닥 찍기, 길게 늘이고 둥글게 만들기, 이쑤시개를 이용하여 입체모형 만들기와 같은 놀이를 할 수 있습니다. 2~4세의 아이는 두드리고 쿡쿡 찌르고 붙여보며 떼어내기를 할 수 있습니다.

찰흙 놀이는 시각, 촉각 등 감각 발달에 중요하므로 충분한 시간을 가지고 실컷 놀게 해주세요. 4~7세가 되면 아이는 명확하고 다양한 모양을 만들려고 합니다. 아이가 이 놀이를 즐기면 한꺼번에 충분한 양의 도자기 흙을 사면 질도 좋고 경제적입니다. 이때 무딘 플라스틱 칼도 함께 준비해주세요.

또 밀가루 네 컵에 소금 한 컵, 식용색소를 탄 끓는 물 한 컵, 식용유 두 큰술, 백반을 준비하여 밀가루 색깔 반죽도 만들어보세요. 소금을 너무 많이 넣으면 뻑뻑하여 반죽이 잘되지 않으므로 주의하고, 쓰고 남은 것은 뭉쳐서 비닐 주머니나 랩에 싸서 밀폐된 용기에 넣어 냉장실에 보관하면 몇 달간 사용할 수 있습니다.

똑똑한 뇌는
패턴을 좋아한다

● 무늬 세상

큰어머니께서 부엌 싱크대를 꾸미고 계세요. 새로 꾸민 싱크대는 꼭 근사한 나무로 만든 것 같지만, 알고 보면 매끈한 종이로 꾸민 거랍니다.

"참 신기하지? 이 종이는 나무 무늬를 찍어서 뒷면에 풀을 발라놓은 거야. 낡은 싱크대 문에다 붙여놓으니 감쪽같지? 다른 것도 보여 줄까?"

큰어머니께서는 언니와 나를 거실로 데리고 가셨어요. 그런데 거실에 낡은 책장 대신 빨간 벽돌로 만든 새 책장이 있네요. 우리는 깜짝 놀라 책장을 만져보았어요. 알고 보니, 그 책장도 벽돌 무늬가 찍힌 종이를 바른 거더라고요.

"이렇게 다른 물건의 모양을 그대로 흉내 낸 것 말고도 우리 주위에는 무늬가 많이 있단다. 벽지, 그리고 방바닥에 깔린 장판을 한 번 보렴. 거기에도 무늬가 있지?"

"큰어머니, 커튼에도 무늬가 있어요. 우리 옷에도요. 정말 세상에는 무늬가 참 많네요."

언니와 나는 밖으로 놀러 나갔어요. 동네 어귀의 굵은 떡갈나무는 겨울을 타나 봐요. 줄기에 메마르고 거칠거칠한 무늬가 있어요. 아무래도 목욕을 하고 크림을 발라야겠어요. 그것에 비하면 큰길의 플라타너스는 매끈매끈하고 얼룩덜룩하게 화장한 것 같아요.

우리는 냇가에 가서 돌을 주웠어요. 돌에도 여러 가지 무늬가 있어요. 둥근 돌에는 검은 줄무늬가 있고, 길쭉한 돌에는 갈색 주근깨 무늬가 있어요. 무늬가 없이 납작한 회색의 돌도 있어요. 우리는 여러 가지 돌을 주워 땅 위에 늘어놓고 그것으로 성을 쌓고 울타리를 만들어요. 나는 달걀 모양의 파란 줄무늬가 있는 매끄러운 돌을 내 돌로 정했어요. 언니는 빨간 주근깨가 있는 돌을 자기 돌로 정했어요. 그 돌의 무늬들을 확대경으로 들여다보며 우리는 여러 가지 재미있는 상상을 해봅니다.

"언니야, 여기 진흙 위에도 무늬가 있네!"

"어디? 응, 그건 자동차 타이어 자국이야."

"자동차 타이어에도 무늬가 있어? 그런데 이 무늬 위에 무지개가 있어."

"자동차에서 기름이 흘렀나 봐. 기름이 물에 번지면 꼭 무지개처럼 보이거든."

우리는 집에 와서 우툴두툴한 돌 위에 종이를 놓고 연필로 문질러 무늬 본뜨기 놀이를 했어요. 언니는 동전도 문지르고 나뭇잎에도 종이를 놓고 문지릅니다.

큰어머니께서는 채소 도장을 만들어주셨어요. 우리는 거기에다 물감을 묻혀 무늬찍기 놀이도 했어요. 나는 장난감 자동차의 바퀴에 물감을 묻혀서 찍어보았습니다. 그리고 큰어머니께 여쭤보았어요.

"큰어머니, 타이어 자국 위에 기름이 번져서 생긴 무지개 무늬 같은 걸 만들려면 어떻게 해야 해요?"

"사인펜으로 줄을 긋고 물을 묻히면 그런 무늬가 나올 거야."

물감 묻은 손으로 찍기 놀이를 했더니 종이 위에 손자국이 생겼어요. 어, 내 손가락에도, 손바닥에도 동글동글한 무늬가 있어요!

💬 이렇게 교감해요

자연과 주변에 있는 사물을 탐색하게 하세요.

아이에게 평범한 사물 속에 숨어 있는 아름다움에 눈뜨게 해주세요. 그런 체험은 감정 세계의 문을 열고 창조적 표현 활동을 할 수 있는 기반이 됩니다. 특히 주위에 있는 무늬에 민감해지는 것은 여러 사물 간의 관계와 변화의 규칙성을 이해하는 데 도움이 되며, 디자인 감각을 키워줍니다.

아이와 함께 여러 가지 무늬를 수집하고 모방하는 놀이를 해보세요. 또 아이 스스로 자유롭게 무늬를 만들게 해도 좋겠지요. 병뚜껑이나 나뭇잎, 손발을 스탬프에 눌렀다가 종이에 찍기, 종이에 물감을 짜서 반으로 접었다가 펼쳐 대칭 무늬를 만드는 데칼코마니, 종이 위에 물감 물을 떨어뜨리고 빨대나 입으로 불어보는 물감 불기, 크레파스로 가로줄을 여러 개 긋고 나서 물감으로 세로줄을 긋는 체크무늬 그리기와 같은 놀이를 하면서 다양한 무늬의 세계를 즐기게 해주세요.

세상에 대한 경계를 없애주는 교감 도구

● 다락방의 미술책

"붕"

하늘을 보니 비행기가 날아갔어요. 나는 아까부터 마루 끝에 버티고 앉아 있었어요. 큰어머니께서 언니만 데리고 시장에 가셨거든요. 나도 따라가겠다고 했지만, 감기에 걸렸으니 데려가실 수 없대요. 그렇게 앉아 있는 나를 보고 수돗가에서 걸레를 빨고 계시던 할머니께서 말씀하셨어요.

"은이야, 방으로 들어가거라. 춥다."

"싫어요. 큰어머니께서 돌아오실 때까지 여기 있을 거예요."

할머니께서는 내 어깨에 코트를 덮어주시고는 계속 일을 하셨습니다. 코트를 걸쳤지만 그래도 추웠어요. 참, 그러고 보니 큰방 다락에 할머니의 박하사탕이 있는데 이 기회에 꺼내 먹으면 좋을 텐데…. 할머니께서는 늘 요술단지 같은 통에서 사탕을 한 개씩 꺼내 잡수셨어요. 이가 썩는다고 내게는 어쩌다가 한 번씩만 주시면서. 그래도 여기서 계속 있겠다고 했는데 그냥 들어가면 창피하니까 살짝 들어가야겠어요. 할머니가 눈치 채시지 못하게 엉덩이를 조금씩 뒤로 밀면서. 그러다가 할머니께서 나를 잊어버리실 때쯤 방 안으로 쏙 들어가야지.

아! 드디어 방에 들어왔어요. 나는 베개와 이불을 받쳐놓고 다락으로 올라갔습니다. 그리고 할머니의 요술단지를 찾아 사탕을 잔뜩 꺼내 입에 넣었어요. 아이, 매워! 한꺼번에 먹으니 매웠어요. 맞은편에서 석고로 된 아줌마가 나를 보며 웃고 있었어요. 그 아줌마는 눈은 큰데 눈동자가 없었어요. 다가가 만져보니 손에 새카만 먼지가 묻었어요. 석고 아줌마 옆에는 낡은 스케치북이 있었습니다.

'나현석의 스케치북'

그것은 아빠의 스케치북이었어요. 거기에는 어떤 까까머리 오빠의 그림이 있는데, 그림 밑에는 '자화상'이라고 아빠의 이름이 씌어 있었어요. 이름이 참 이상하지요?

아빠의 스케치북 옆에는 그림책도 있었어요. 그 그림책의 그림들은 내 책의 그림들과 달랐어요. 우리 방에 붙여놓은 엄마와 내가 그린 그림하고도 달랐고요. 거기에는 시커멓게 생긴 아저씨가 벌거벗은 채 턱을 괴고 앉아 있는 그림이 있었어요. 아기를 업은 엄마가 앙상한 겨울나무 밑을 걸어가는 그림도 있고요. 제일 이상한 그림은 불이 활활 붙은 해바라기 그림이었어요. 해바라기 그림 밑에는 당나귀처럼 생긴 아저씨 그림도 있는데, 그 아저씨는 이가 아픈지 얼굴에 하얀 수건을 싸매고 있었어요. 그 책에 있는 그림 중에서 나는 언니들이 피아노 앞에 앉아 이야기하고 있는 그림이 제일 좋아요.

"은이야, 추운데 거기서 뭐 하니?"

할머니께서 다락에 올라오셨어요.

"네 아비가 학교 다닐 때 쓰던 미술책을 보고 있었구나. 어린 게 어쩌면 이렇게 책을 좋아하는지…."

할머니께서는 내 머리를 쓰다듬어주셨어요. 그리고 먼지 나는 미술책과 박하사탕 껍질을 앞치마에 싸들고는 방으로 내려가자고 하셨습니다.

💬 이렇게 교감해요

아이가 예술 작품을 일상적으로 접하게 해주세요.

어린아이도 나름의 눈으로 미술 작품을 보고 즐길 줄 압니다. 그러므로 가치 있는 작품들을 보여주며 올바른 감상 태도를 익힐 수 있도록 해주세요. 아이가 볼 그림책을 고를 때도 그림의 예술성에 신경 쓰고, 헌 미술책 같은 것을 가지고 놀게 하면서 생활 속에서 다양한 예술 작품들을 접하게 해주세요.

예술 작품에 대한 아이의 감상은 작품을 볼 당시의 주위 분위기에 많이 좌우되기 때문에 정서적으로 안정된 상태에서 감상하는 것이 중요합니다. 또 작품을 보면서, 작품에 대한 느낌이나 작가의 의도, 작품에 쓰인 재료 등에 관해 이야기를 나누는 것도 무척 중요합니다. 그리고 수시로 아이 작품을 놓고 보면서 함께 이야기를 나눈 뒤, 그것을 집 안의 게시판에 붙여놓고 그린 날짜와 그것에 대해 나눈 이야기를 함께 적어 모아보세요. 그것을 아이가 자란 다음 준다면, 육아 일기 못지않은 훌륭한 성장사가 되고, 아이에게는 어린 시절의 추억을 간직한 소중한 선물이 될 것입니다.

뇌는 소리를
잘 기억한다

● 무슨 소리일까?

내 머리를 빗겨주다가 엄마가 말씀하셨어요.

"은이야, 조용히 눈을 감고 귀 기울여 들어봐. 지금 우리 집에서 무슨 소리가 나니?"

"'똑딱똑딱' 시계 소리, '똑똑' 수돗물 떨어지는 소리, '쿵쿵' 아빠가 마루 위를 걷는 소리, '차르르' 창문 여는 소리, '따르릉' 옆집에서 울리는 전화벨 소리, '하하하' 골목길 아이들의 웃음소리, '에헴' 할아버지의 기침 소리, '쌕쌕' 아기가 잠자는 소리, '톡톡' 내가 방바닥을 두드리는 소리가 들려요."

길을 걷다가 엄마가 말씀하셨어요.

"멈춰 서서 가만히 들어봐. 길에서 어떤 소리가 들리지?"

"'빵빵' 레코드 가게에서 나는 소리, '멍멍' 강아지 짖는 소리, '재잘재잘' 유치원에서 나는 소리, '휘' 지나가는 아저씨의 휘파람 소리, '부웅' 비행기 소리, '부르르' 바람에 나무가 몸을 떠는 소리, '웅성웅성' 사람들이 떠드는 소리, '빵빵' 자동차 소리, '앵앵' 멀리서 지나가는 병원차 소리가 들려요."

엄마는 이번에는 조금씩 빨리 걸으며 말씀하셨어요.

"이제 엄마랑 빨리 걸으면서 들어보자. 네 몸에서 어떤 소리가 들리니?"

"'짝짝' 손뼉 치는 소리, '동동' 발 구르는 소리, '딱딱' 이를 부딪치는 소리, '쯧쯧' 혀를 차는 소리, '킁킁' 콧김 소리, '뿡' 방귀 소리, '두근두근' 심장 소리, '꼬르륵' 배에서 나는 소리, 내가 엄마와 말하는 소리, '쪼옥' 엄마가 내게 뽀뽀하는 소리가 나요."

"그래, 잘했다. 은이는 어떤 소리가 좋으니? 어떤 소리가 즐겁니?"

"나는 음악학원의 바이올린 소리, '푸드덕' 하늘을 나는 새 소리, '딸랑딸랑' 방울 소리, '찰찰찰' 물 떨어지는 소리, '딩동댕' 지나가는 청소차의 소리, 친구들이 내 이름을 부르는 소리, 아빠의 다정한 전화 목소리, 엄마의 노랫소리가 좋아요."

"그 소리를 잡아서 네 마음에 담아두려면 어떻게 해야 할까?"

"흘러가는 소리는 잡을 수 없어요. 하지만 내가 좋아하는 소리를 내 마음에 녹음해두었다가 종이 위에 그려놓고 싶어요."

엄마는 내가 좋아하는 소리를 붙잡아 녹음해주셨어요.

💬 이렇게 교감해요

아이에게 다양한 소리를 들려주세요.

음악은 소리에서 태어납니다. 인간의 주변에서 일어나는 여러 가지 현상에는 소리가 따르게 마련이고, 이 소리가 만물이 살아서 움직인다는 것을 암시해주지요. 크고 작고, 빠르고 느리고, 세고 여리고, 다양한 색깔과 느낌이 있는 가지각색의 소리에 인간의 예술적 욕구가 담겨 음악이 태어나는 것입니다.

아이들에게 다양한 소리를 들려주세요. 일상생활에서 들리는 소리에 민감해지도록 하고, 사람의 소리나 자연의 소리, 기계 소리, 악기 소리, 여러 교통 기관(기차, 자동차, 비행기, 배 등)의 소리를 들려준 다음 그 소리를 입으로 또 악기로 흉내 내게 하세요. 소리를 들은 장소에 따라 소리의 종류를 기록하고, 들은 것을 그림이나 글로 표현하며, 낯선 소리에 대해서는 나중에 틈나는 대로 계속 관심을 가지도록 도와주세요. 이러한 훈련은 집중력을 높여주고 귀를 예민하게 하여 청각을 통한 정보 인식을 빠르게 할 뿐 아니라 음악 예술의 무한한 세계에 접하기 위한 기반을 탄탄하게 닦아줍니다.

교감 본능을 깨우는
음악 교육

● 가족 합주단

엄마와 나는 동물 소리를 흉내 내며 걸어갑니다.
"참새는?", "짹짹!"
"오리는?", "꽥꽥!"
"돼지는?", "꿀꿀!"
엄마와 나는 다른 소리도 흉내 냅니다.
"오토바이는?", "부릉부릉!"
"기차는?", "칙칙폭폭!"
"바람은?", "휘잉휘잉!"
"천둥은?", "우르르 쾅!"

이번에는 악기 소리를 흉내 내어볼까요?

"큰북은?", "둥둥둥."

"작은북은?", "동동동."

"탬버린은?", "…."

"탬버린은?"

"엄마, 탬버린이 뭐예요?"

집에 와서 엄마는 그림 카드에 있는 탬버린을 보여주셨어요.

"탬버린은 이렇게 생겼어. 신 나게 흔들어 소리를 내지. 그 소리는 어떤 소리와 비슷하냐 하면…."

엄마는 빈 깡통에 단추를 여러 개 집어넣고 찰랑찰랑 흔들어 탬버린의 소리를 흉내 내셨어요. 그러자 기범이가 다가와서는 제 장난감인 줄 알고 가져가 버렸어요.

"저건 기범이 주고, 은이에게는 새로운 악기를 하나 더 만들어줄까?"

엄마는 여러 개의 병에다 물을 부어 병 피리를 만들어주셨어요. 나는 아빠에게 가서 자랑했어요.

"아빠, 나는 병 피리를 불고 기범이는 깡통 탬버린을 흔들어요."

"그럼, 나도 악기가 있어야겠네."

아빠는 부엌에 가서 냄비뚜껑 두 개와 바가지, 젓가락, 숟가락을 들고 오셨어요.

"자, 이 악기들을 가지고 우리 모두 함께 연주해볼까?"

흥겨운 노래를 틀어놓고 우리는 신 나게 연주를 합니다. 찰랑찰랑

치익 치익 부우 부우 따르르르….

"토실토실 아기 돼지 젖 달라고 꿀꿀꿀…."

💬 이렇게 교감해요
아이가 만들어내는 리듬에 관심을 보여주세요.

아기는 태아 때부터 열 달 동안 엄마의 심장 박동 소리를 듣고, 자궁 속에서 엄마의 걸음걸이나 움직임, 감정과 언어의 리듬을 그대로 전달받습니다. 태어나서는 생활 속에서 아빠와 엄마라는 시각적 2박자 리듬을 느끼며, 기고 걷고 뛰기 등 자신의 움직임을 통해 리듬을 체험하고 만들어나갑니다. 이러한 리듬에 멜로디가 더해지면 음악이 되는 거죠. 유아기에 리듬감이 올바로 형성되면 행동과 언어와 사고의 발달이 안정되며, 음악적 감각도 풍성하게 키울 수 있습니다.

그러므로 생활 속에서 아이가 즉흥적으로 만들어내는 리듬을 주의 깊게 관찰하고 흉내 내고 질문하며 관심을 보여 주세요. 또 리듬이 분명한 음악을 들려주고 자연스럽게 리듬에 맞춰 움직이면서 아이 스스로 리듬을 만들어보도록 해주세요. 노래나 시에서 여러 가지 리듬의 유형을 찾아내어, 손뼉치기, 악기 연주, 창의적인 신체 표현 활동 등으로 연결하는 것도 좋습니다. 그리고 음악을 틀어놓고 아이와 함께 박자에 맞춰 복식호흡도 해보세요.

더구나 악기는 음악의 기본 도구이므로 아이가 장난감처럼 갖고 놀며 탐색하다가 점차 연주하기를 익히게 해주세요. 다섯 살 이하의 아이는 소근육이 완전히 발달하지 못한 상태이므로 멜로디 악기보다는 다양한 리듬 악기를 다뤄보게 하세요. 악기의 사용법과 보관법을 가르쳐주고, 간섭하거나 꾸중하지 말고 자유롭게 놀도록 해주세요. 또 방송의 연주 실황을 보여주어 다양한 악기가 있다는 것을 알려주세요.

여러 가지 생활소재나 자연물로 장난감 악기를 만드는 것도 좋은 공부가 됩니다. 부엌살림이나 폐품으로 악기를 만들면서 아이 스스로 소리를 만들고 구별해보게 하면 좋겠지요. 이러한 소리의 탐험에는 아이 자신의 몸으로 만드는 소리도 포함됩니다. 몸을 움직여 소리를 만들고 여러 가지 소리를 흉내 내면서 소리에 대한 감수성과 창의적 표현력을 키울 수 있도록 도와주세요.

> 교감육아 Guide ⑪
> **유아기 예능 교육 방법**

 유아기의 예능 교육 목적은 아이가 예술을 즐기며 개성적인 표현을 할 수 있도록 하는 것이므로, 부모의 지나친 욕심을 경계해야 합니다. 소질이 없는데도 꼭 무언가를 만들겠다는 욕심으로 아이의 장래를 그르치는 일이 없어야겠지요. 그러면 유아기 예능 교육의 구체적인 방법을 살펴볼까요?

1. 음악 교육
- 음악 교육의 기본은 아이에게 놀이나 생활 속에서 음악을 접할 기회를 많이 만들어 주는 것이므로 집 안에 간단한 악기 몇 가지라도 마련해두면 좋겠죠.
- 학원에 보내서 가르치려면, 아이가 조른다고 해서 무작정 시작하지 말고 한 번에 오래 하기보다 조금씩 꾸준하게 할 수 있도록 해주세요. 그리고 아이가 자신이 배운 것을 표현하면 아직 서툴더라도 많이 칭찬해주세요.

1) 피아노·바이올린·첼로 교육
- 아이에게 악기 연주를 가르치려면 노래를 즐겨 부르게 하는 가창 지도와 합창 지도부터 해서 음악적 감수성을 키우는 게 좋습

니다.
- 여러 음악 활동의 기본이 되는 피아노 교육은 만 5세경에 시작하는 것이 적당합니다. 피아노를 배우게 할 경우, 우선 중요한 것은 아이의 마음입니다. 아이 스스로 음악을 좋아하고 배우려는 마음이 없으면 오래갈 수 없습니다. 일단 배우기 시작하면 늘 격려해서 자신감을 느끼게 해주고, 모델이 되는 좋은 음악을 많이 들려주세요. 바이올린이나 첼로는 유치원 때부터 접하게 해줄 수는 있지만, 그 소질이 발견되려면 7, 8세는 되어야 합니다.

2) 성악·작곡 교육
- 성악 교육은 변성기가 지나야 본격적으로 시작할 수 있으므로, 어릴 때는 피아노를 배워두고 음악성을 기르는 것에 신경 쓰는 것이 좋습니다. 작곡 교육 역시 피아노나 듣기 등 기본 훈련을 하면서 서서히 시작하고, 초등학교 1학년 때쯤부터 아는 노래 적어보기, 노래 듣고 받아 적기, 간단한 멜로디 짓기 등을 시켜보세요.

2. 미술 교육
- 미술 활동을 할 수 있는 환경과 재료를 마련해주세요. 아이의 주변에 늘 미술 도구를 두고 여행할 때도 차 안에 종이와 크레파스를 준비해주고, 도구를 사용하는 방법을 가르쳐주세요. 이렇게 그리고 싶은 분위기나 환경을 만들어주면 아이는 혼자 노는 방

법의 하나로 미술 활동을 하게 됩니다.
- 아이의 경험과 흥미의 세계를 넓혀주고 어른과의 많은 대화를 통해 생각하는 힘을 키워주세요. 또, 어른의 시각과 다른 아이들의 시각을 인정하고 표현의 자유를 존중하여, 아이가 무엇이든 그리고 만드는 것을 즐길 수 있도록 하세요. 이를 통해 미술 교육의 기초가 다져집니다.

3. 무용 교육

- 음악을 들으며 리듬감과 표현력부터 기른 다음 차차 기술을 가르쳐야 합니다.
- 한국 무용은 어릴 때부터 아이의 체력에 무리가 가지 않게 배울 수 있어서, 영리하면 4, 5세, 일반적으로는 7, 8세부터 배울 수 있다고 합니다. 그러나 발레는, 너무 어리면 훈련하기에 무리가 있으므로 7, 8세가 되어야 시작할 수 있고, 그것도 리듬감을 길러주는 정도를 목표로 삼아야 한다고 합니다.

IQ와 EQ를 이어주는
음악 교육

● 국수는 춤춘다

"에헴!"
"에헴!"
"꼬끼오!"
"꼬끼오!"
나는 엄마가 하는 대로 따라 합니다.

"나리 나리 개나리 입에 따다 물고요."
"나리 나리 개나리 입에 따다 물고요."

엄마가 노래를 하시면 그것도 그대로 따라 합니다.

"어린 송아지가 큰 솥 위에 앉아…."

"엄마, 그건 '어린 송아지' 노래잖아요. 그런데 제가 아는 노래와 달라요."

"엄마가 새로 만들었지. 즐겁게 노래를 부르다가 자기가 새로 만들고 싶으면, 멜로디나 노랫말을 새로 만들 수 있단다. 잘 들어봐."

"어린 코끼리가 지붕 위에 서서 울고 있어요.
엄마, 뿌-, 엄마, 뿌-, 아이고 무서워."

"참 재미있다! 나도 노래를 만들어볼래요."
"그러렴, 은이가 노래를 만들 동안, 엄마는 국수나 삶아야겠다. 점심때 먹게 말이야."
"그런데 무슨 노래를 만들지요?"
"네 주위에 보이는 재미있는 일 중에서 네가 노래로 만들어 부르고 싶은 것을 찾아보렴."

나는 의자에 앉아 색종이를 오리면서 무슨 노래를 만들까 생각합니다. 낮잠을 자려고 누워서도 이불 속에서 발가락을 꼼지락거리며 노래를 흥얼거립니다. 드디어 노래 한 곡을 지었어요.

"엄마, 내가 노래를 만들었어요. 잘 듣고 엄마도 따라 해보세요."
"국수는 춤춘다 국수는 춤춘다 폴짝폴짝 부글부글
파리도 춤춘다 파리도 춤춘다 팔랑팔랑 살랑살랑"

엄마는 눈을 둥그렇게 뜨고 감탄하며 내 노래를 열심히 따라하더니 종이에다 줄을 긋고 콩나물 그림을 잔뜩 그리셨어요.

"엄마, 이건 뭐예요?"

"악보란다. 네가 지은 노래를 나중에도 잊어버리지 않고 다시 부를 수 있도록 적어 두는 거야. 이렇게 악보로 적어놓으면 다른 사람들도 알아볼 수가 있지."

"그걸로 어떻게 알아보는데요?"

"가르쳐줄까? 그럼, 엄마를 따라 해봐."

"도레미파솔라시도!"

"도레미파솔라시도!"

● **이렇게 교감해요**

같이 장단을 맞춰주고 간단한 노랫말을 만들어요.

아기는 말보다 노래를 먼저 합니다. 아기의 울음이나 옹알이는 다양한 리듬을 지니며 음악성을 띱니다. 찬트(1~3개 정도의 반복적 리듬으로 구성되는, 말하는 것 같은 노래)나 옹알거림, 자신이 만들어낸 즉흥적이고 짧은 곡조들이 아기들의 주된 레퍼토리죠. 이것이 점차 발전하여 네다섯 살이 되면 한 옥타브 정도의 노래를 부를 수 있게 됩니다.

아이들이 좋아하는 노래는 노랫말이 자기의 관심이나 경험과 관계된 것, 리듬이나 노랫말이 재미있고 간단한 것, 음역이 한정된 것, 기억하기 쉬운 것, 돌림 노래, 문답 노래, 반복 노래 등입니다.

아이는 어른들이 노래 부르는 방식에 많은 영향을 받습니다. 어른들이 정확하고 좋은 자세로 노래하면 아이도 그대로 배우죠. 그러므로 아이가 노래할 때 같이 장단을 맞춰주며, 같은 노래도 다양하게 부를 수 있다는 것을 가르쳐주세요. 또 아이가 부르는 노래를 녹음해보고, 아이가 즉흥적으로 간단한 노래를 지으면 격려하면서 받아 적어두세요.

창의력과 집중력의 근본은 모방 본능

● 겨울 풍경

어제는 춥고 눈보라도 치더니 오늘은 언제 그랬나 싶게 맑고 따뜻합니다. 언니와 나는 코트를 챙겨 입고 밖으로 나갔어요. 집 앞에서는 큰아버지께서 오랜만에 트럭을 닦고 계셨어요. 큰아버지께서는 양동이의 물을 한 바가지 떠서는 차에다 부으셨어요. 그러자 파란 차에서 하얀 비눗물이 주르르 흘러내렸어요. 떨어진 비눗물은 어디로 갔을까요? 우리는 비눗물을 따라갑니다. 비눗물은 졸졸 흐르다 깨진 보도블록 사이로 숨기도 하고, 달리기하듯 수챗구멍으로 뛰어들기도 했어요.

길은 아직 녹지 않은 눈 때문에 축축해요. 언니는 옆집 담벼락에 붙어 서 있습니다. 담 밑 그늘에 남아 있는 눈 위에 발자국을 찍어보려고요. 나도 언니 뒤로 가서 언니의 발자국을 따라 걸었어요.

"저기 모퉁이까지 누가 빨리 걷나 내기할까? 뛰기 없기!"

"그래."

우리는 빨리 걷기 시합을 합니다. 엉덩이를 흔들며 입을 꼭 다물고 터질 듯한 웃음을 참으며 걷습니다. 거의 뛰듯이 모퉁이에 다다르니 두 갈래의 길이 나 있어요. 둘 다 냇가로 가는 길이에요.

"이 길로 가자. 이 길이 빨라."

"아냐, 저 길이 더 빨라. 내기할래?"

언니와 나는 손을 흔들고는 각자 다른 길로 갑니다. 내가 먼저 냇가에 도착했어요. 조금 있으니 언니가 웃으면서 왔습니다.

"너, 뛰어왔지?"

냇가에서는 우리보다 나이가 많은 언니 오빠들이 '얼어라, 꽁' 놀이를 하고 있어요. 노래하며 여러 가지 재미있는 동작으로 움직이다가 술래가 "꽁!" 하고 외치면 그 자리에 멈추면서 몸이 딱 얼어붙는 놀이에요. 그림자가 움직이는 사람은 새로운 술래가 되지요. 술래는 빙빙 돌며 아이들의 그림자를 살펴보고 있어요.

"너, 그림자 움직였어."

"안 움직였어."

"숨을 헐떡거렸잖아. 그래서 그림자가 움직였단 말이야."

구경하던 언니와 나는 그림자 밟기 놀이를 했어요. 언니와 나의 그림자가 서로 밟히지 않으려고 너울너울 춤춥니다.

춤추는 그림자 옆으로 햇볕에 녹은 시냇물이 작은 아기 얼음들을 안고 졸졸 흘러가고 있습니다.

● **이렇게 교감해요**

흉내 내는 놀이는 창의적인 몸짓으로 이어져요.

아이들은 늘 활발한 몸짓으로 자신의 감정을 표현합니다. 더욱이 말로는 의사를 충분히 표현하기 어려울 정도로 어린 아이들에게는 몸짓이 중요한 의사소통 수단입니다. 그렇기에 미숙하던 몸의 움직임을 조절하여 다양한 동작을 할 수 있을 때, 아이는 커다란 기쁨과 자신감을 느낍니다.

이렇게 느낌과 생각을 몸으로 표현하는 능력은, 자신의 몸에 대해 아는 것에서부터 생깁니다. 그러므로 "손은 어디 있나, 여기"와 같이 신체 기관의 명칭을 노래로 부르며 하는 동작은 몸의 각 부분의 명칭과 기능을 배우고 그 부분을 집중적으로 움직여보게 하는 데 좋습니다. 이것에 익숙해지면 몸의 각 부분을 골고루 움직이는 연습을 하게 합니다(몸 굴리기, 기어가기, 공 던지기, 달리기, 뛰기, 자전거 타기 등).

또한, 주위 사물이나 다른 사람의 움직임을 주의 깊게 살펴보게 하세요. 아이와 함께 나무나 강아지, 친구들, 텔레비전에 나오는 운동선수에 이르기까지 다양한 대상의 움직임을 살펴보고, 거울을 보며 흉내 내는 놀이를 해보세요. 창의적인 몸짓은 이렇게 생겨납니다.

행동으로 교감하는
신체활동 교육

● 사과 같은 내 얼굴

도화지에 동그라미를 여러 개 그려놓고 색종이를 오려서 입과 눈과 눈썹을 붙여서 얼굴을 만듭니다. 웃는 얼굴, 우는 얼굴, 화난 얼굴, 슬픈 얼굴….

나는 거울을 보며 생긋 웃어봅니다. 입술을 오므리며 새침한 표정도 지어보고, 입술을 앞으로 쭉 내밀고 화난 표정도 지어보지요. 그러다가 입술을 부르르 떨면서 비 오는 소리도 냅니다.

그러고 있는데 엄마가 다가오셨어요.

"은이야, 혀끝을 입천장에 대고 '드르르르' 떨어봐."

드르르르…. 기계가 돌아가듯이 혀가 저절로 움직여요. 정말 재미있어요.

"그러면, 눈동자를 위로 옆으로 아래로 위로 둥글게 한 바퀴 돌려 보렴. 그다음엔 입을 크게 벌리고 '우아우, 우아우' 하면서 입술로 기지개를 켜봐. 또 눈을 꼭 감고 찡긋하면서 코도 찡그리고 온 얼굴을 다 찡그려보렴."

나는 엄마 얼굴을 바라보며 얼굴을 이렇게 저렇게 움직였어요. 그렇게 하니까 왠지 얼굴이 시원해지는 것 같아요.

"자, 고양이가 '양' 하고 하품하는 표정을 지어보자. 생쥐가 쥐구멍에서 내다보며 요리조리 주위를 살펴보는 표정은 어떨 것 같니? 메기가 물속을 헤엄치는 표정은 어떨까? 그리고 이런 것도 흉내 내어보자. 맛있는 아이스크림을 혀로 핥아 먹는 표정, 꽃봉오리가 피어나는 표정, 비눗방울이 터지는 표정, 나뭇잎이 공중에서 떨어지는 표정, 해가 지고 밤이 오는 표정, 커다란 바위가 비를 맞고 있는 표정…."

엄마와 나는 거울을 보며 여러 가지 표정을 흉내 내다가, "하, 하, 하!" 하며 큰소리를 지르고 소리 내어 한바탕 웃었어요. 그리고 마주 앉아 율동을 하며 노래를 불렀습니다.

"사과 같은 내 얼굴 예쁘기도 하지요.
눈도 반짝 코도 반짝 입도 반짝반짝."

● **이렇게 교감해요**

풍부한 표정은 자신감을 길러줘요.

  웃으면 건강해진다고 하지요. 손이나 발처럼 얼굴에도 온몸의 신경이 모여 있기 때문에, 얼굴의 작은 근육들을 많이 움직이면 그만큼 신체기관들이 튼튼해집니다. 또 생기 있는 풍부한 표정은 인간관계를 원활하게 해주고 아이에게 자신감을 줍니다.

  아이와 함께 표정 놀이를 해보세요. 그림책을 읽으며 등장인물들의 표정도 흉내 내어보고, 잡지나 책에서 여러 가지 표정의 사진들을 오려 모아 그것들을 흉내 내어보세요. 이것은 발음을 정확하게 하고 눈과 같은 감각 기관의 감응력과 표현력을 키우는 데도 좋습니다.

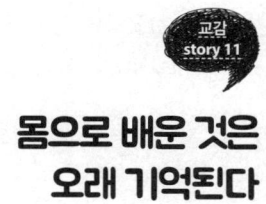

몸으로 배운 것은
오래 기억된다

● 우리들의 바다

언니와 나는 이불을 덮어쓰고 앉아 텔레비전을 보고 있습니다. 텔레비전에서 재미있는 만화 영화를 하고 있거든요. 지금 새파란 바다에 하얀 파도가 치는 그림이 나와요. 그걸 보던 언니와 나는 머리와 어깨를 들썩이며 파도 흉내를 냅니다.

노란 돛을 단 배가 나타났어요. 언니가 말했어요.

"우리도 뱃놀이할까?"

우리는 방석으로 된 배를 타고 이불 바다 위를 항해합니다. 우리의 배는 넓은 바다 위를 멋지게 헤쳐가고 있어요. 앗! 바람이 불고 비가 내리기 시작했어요. 세찬 바람에 파도가 무섭게 치는군요.

"배가 흔들린다!"

우리는 방석을 꼭 붙잡고 몸을 마구 흔들었어요.

무서운 밤이 지나고 아침이 되자 바다는 다시 조용해졌어요. 그때 물고기 한 마리가 나타났어요.

"나는 물고기다!"

우리는 방안을 빙빙 돌며 헤엄을 칩니다. 팔랑팔랑 팔을 흔들며 헤엄을 치다가 갑자기 몸을 뺑 돌립니다. 또 두 손을 모아 물 위로 쑥 올라갔다가 다시 아래로 쑥 내려오기도 하지요.

그러다가 우리는 바다 밑에 사는 오징어로 변했어요. 저런, 우리 몸의 뼈가 몽땅 없어져 버렸어요! 우리는 이불 바다 위에 비스듬히 앉아서 온몸을 흐늘거립니다. 흐느적흐느적 팔다리를 움직이며 기어가 베개 바위 뒤에 숨어야겠군요. 언니와 나는 이불 위를 이리저리 뒹굴다가 서로 몸이 엉켜버렸어요.

그때 지웅이 오빠가 방문을 열고 들어왔어요.

"앗, 상어가 나타났다!"

상어는 까르르 웃으면서 오징어들의 발바닥을 마구 간질입니다. 텔레비전 영화는 끝났지만 우리들의 바다는 계속 출렁거립니다.

💬 이렇게 교감해요

자신의 몸짓을 새로운 눈으로 볼 수 있도록 도와주세요.

몸짓은 인간의 가장 원초적인 의사 표현 수단입니다. 몸짓이 특별한 양식을 갖추면 춤이 되죠. 아이에게 춤을 가르치려 한다면, 먼저 어른을 모방하는 인형의 춤이 아니라 스스로 창조한 움직임을 즐기게 하세요. 즉, 어떤 새로운 움직임을 가르치려 할 것이 아니라, 이미 하고 있는 몸짓들을 새로운 눈으로 다시 볼 수 있도록 도와주세요.

아이가 집 안에서 늘 음악을 즐기며 활발하고 즐겁게 움직일 수 있게 해주고, 움직임에 특징이 있다면 그것을 구체적으로 말해주세요("팔을 그렇게 움직이니까 꼭 훌라춤을 추는 것 같네"). 또 아이가 어떤 것을 표현하고 싶어 하면, 표현하고 싶어 하는 대상의 모양과 움직임을 잘 관찰한 뒤 몸의 가장 편한 부분으로 그 모양을 만들어보다가, 온몸으로 만들어보게 하세요. 처음에는 단순한 동그라미 같은 것을 표현하다가 점차 복잡한 움직임이 포함된 시계추 놀이 같은 것을 하면 좋겠지요. 그리고 아이가 표현한 것이 서툴더라도 존중해주면서 아이와 함께 즐겨보세요.

또 아이에게 다양한 춤을 감상할 기회를 주세요. 실제로 보여주거나 영상매체를 이용해도 좋고, 초등학교 운동회 같은 행사를 관람시켜도 좋겠지요.

공감력을 높이는
예능 교육

● 상상 여행

엄마랑 언니 오빠와 함께 방바닥에 누웠어요. 음악을 켜놓고 우리는 숲 속으로 상상 여행을 떠납니다. 엄마는 부드러운 목소리로 말씀하셨어요.

"너희가 어떤 동물이 되었다고 상상해봐. 눈을 감고 살갗과 털을 느껴보자. 숲에는 무엇이 보이니? 비 온 뒤의 황금빛 햇살이 보이니? 연못의 물거품, 하늘에 떠 있는 구름이 보이니? 새들의 노랫소리가 들리니? 자, 코로 숲의 냄새를 맡고 귀로는 소리를 들어봐. 그리고 바람에 밀려 날아오는 꽃잎의 부드러운 느낌을 느껴봐. 이제 눈을 떠보자. 혜인아. 너는 무엇이 되었니?"

"연못 속의 개구리요."

"은이야, 너는 무엇이 되었니?"

"알에서 깨어나는 새요."

"지웅아, 너는 무엇이 되었니?"

"공룡이요."

"그러면 이제 개구리가 되고 새가 되고 공룡이 되어 노래를 부르며 춤을 춰보자."

그러자 언니 개구리는 "개굴개굴" 노래를 부르며 꽃무늬 매트로 된 연못 위에서 폴짝폴짝 뛰며 춤을 춰요. 나는 "삐악삐악" 하면서 탁자 나무 위의 둥지 속에서 껍질을 깨고 일어납니다. 그리고 푸드덕 하늘을 나는 연습을 하다가 다시 나뭇가지에 앉았어요. 앗, 먹이를 찾았어요. 삐악삐악, 먹이를 부리로 쪼아 먹어야겠어요. 오빠 공룡은 두 팔을 앞으로 편 채 머리를 흔들며 천천히 걸어가는군요. 그러다가 방바닥을 쿵쿵 울리며 뒤뚱뒤뚱 뛰다가 화석이 되어 굳어버렸어요.

"자, 이제 각자의 소원을 말해보렴."

"나는 하늘을 나는 개구리가 되고 싶어요."

"나는 어른 새가 되어 바다에 가보고 싶어요."

"나는 화석에서 깨어나 엄마 공룡을 만나고 싶어요."

"그래, 색종이를 찢고 여러 가지 물건들을 모아서 소원을 종이 위에 표현해보렴."

우리는 색종이와 화장지, 포장지를 찢고 헝겊조각과 털실을 모았어요. 그리고 재료들에 풀을 묻혀 커다란 마분지 위에 붙여서 숲 속 풍경을 만들었습니다.

● **이렇게 교감해요**

말을 통해 아이의 마음에 사물의 이미지를 떠올려주세요.

네 살이 지나면 아이들은 말을 익히면서 생각을 하기 시작합니다. 즉 어떤 말을 들으면 그 말에 해당하는 사물의 이미지를 마음속에 떠올리는 것이지요. 4~8세의 아이는 사물의 이미지를 떠올릴 수 있어야 어떤 것을 창조적으로 표현하려는 의욕을 갖게 됩니다. 그러므로 아이에게 가르치거나 좋은 경험을 많이 시켜주는 데만 치중하지 말고, 아이들이 경험한 것을 적절한 말로 되살려주세요. 그럼으로써 아이는 마음속에 사물의 이미지를 떠올릴 수 있습니다. 동화나 음악을 듣고, 춤을 추고 그림을 그리는 것은 아이에게 이런 연상 작용을 활발하게 해줍니다. 아이는 음악을 들으면서 무엇인가를 느끼고 그것을 바로 표현하면서 시청각을 연결하는 경험을 하게 됩니다.

또 콜라주는, 여러 가지 재료를 수집하여 다양하고 자유롭게 찢고 배열하고 붙임으로써 시각과 촉각을 발달시키고 주위 사물을 활용하는 사고의 유연성을 길러주며, 특히 가위를 이용하면서 소근육이 발달합니다. 포장지·헌 잡지 등의 종이, 꽃잎·나뭇가지·모래 등의 자연물, 끈·상자 등 폐품을 활용하여 재미있는 콜라주 놀이를 해보세요. 이때 2, 3세 아이는 신문지 찢어 붙이기부터 하게 하세요. 가위질을 연습시키려면, 처음에는 헌 잡지를 아무렇게나 오려보게 하다가 어느 정도 손에 익으면 백지에 직선이나 도형을 그리고 선을 따라 자르게 하세요.

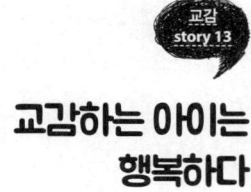

교감하는 아이는
행복하다

● 작은 시인의 노래

며칠 뒤에 우리 집은 이사를 해요. 지금보다 더 큰 집으로요. 이제 우리 식구들은 예전처럼 함께 살 수 있게 되었어요. 할아버지 할머니께서도 우리와 함께 사시게 되었답니다.

그리고 나도 봄에는 유치원에 가게 된대요.

엄마는 거실에 물건을 잔뜩 늘어놓고 이사 갈 준비를 하고 계세요.

"엄마, 나 송이 집에 가서 놀다 올까요?"

"그러렴. 바깥이 아직 추우니까 이거 입고 가거라."

엄마는 할머니께서 짜주신 밤색 재킷을 꺼내주셨어요. 이 재킷을 입으면 할머니 냄새가 나요.

호주머니에 손을 넣고 대문을 나와 보니 골목길에는 아무도 없어요. 멀리 보이는 나무들은 이제 가지에 잎이 나려는지 푸르스름해요. 그 모습은 머리 짧은 아이 같기도 하고 아빠 손가락에 난 짧은 털 같기도 해요. 바람이 "휘" 하고 휘파람을 불며 지나갑니다. 코를 킁킁거리며 냄새를 맡아보니 아직 바람에서 겨울 얼음 냄새가 나는 것 같아요.

갑자기 해님이 구름에서 나왔어요. 그러자 집과 담, 나무와 골목은 셀로판지를 한 장 걷어낸 듯 환하게 밝아집니다. 매일 다니던 이 골목이 어쩐지 처음 온 것처럼 낯설어요.

그때 내 마음에서 '반짝'하면서 무슨 소리가 나는 것 같았어요. 나는 그 소리가 무엇일까 하고 생각해봅니다.

'나는 은이다! 나는 나다!'

갑자기 그 말이 마음속에 떠올랐어요.

나는 노래를 부르고 싶어졌어요.

"해님은 해님, 나는 나, 엄마는 엄마, 아빠는 아빠, 아기는 아기, 봄은 봄, 집은 집, 나무는 나무, 길은 길…."

끝이 없는 아주 긴 노래가 이제 막 시작하는 것 같아요.

나는 끝이 없는 그 노래를 부르며 아무도 없는 골목길을 깡충깡충 뛰어갑니다.

> 교감육아 Guide ⑫
> **텔레비전으로부터 아이의 감성을 보호해주세요**

요즘은 많은 아이와 어른들이 텔레비전이나 스마트폰에 중독되어 있습니다. 피곤하고 바쁜 엄마들은 아이가 텔레비전을 보는 시간만큼은 돌보기 편하니까 계속 켜두는 경향도 있지요. 그러나 아이의 정신건강을 지키려면, 아이의 생활에서 텔레비전이 음식이나 잠처럼 필수적이 되어서는 안 됩니다.

1. 아이 혼자 텔레비전을 보지 않게 하세요.

유아기는 인간의 기본적인 감정이 발달하는 시기입니다. 감정은 사람의 인격 가운데 가장 빨리 발달하고 성숙하는 것입니다. 지적 능력은 16세, 운동 능력은 20세, 사회성은 20대가 넘어야 성숙 단계에 이르는 데 비해, 감정은 8세 정도면 성숙합니다. 유아기 때 감정이 제대로 성숙하지 않는다면 매사에 무관심하고 무감동한 인간이 되기 쉽습니다. 즉, 나중에 문제아가 되는 원인도 청소년기가 아니라 유아기의 감정 성숙 단계에서부터 그 원인을 찾아야 하는 거죠.

텔레비전을 통해 일방통행으로 말을 배우고 다른 사람과 의사소통을 하지 않는 아이는 감정과 의욕이 생기지 않는다고 합니다. 텔레비전은 화면이 빨리빨리 바뀌기 때문에 텔레비전에 중독된 아이들은 스스로 생각하고 상상할 여유도 없이 수동적으로 영상과 소리를 배급받는 데 익숙해집니다. 그래서 책을 읽어도 머릿속에 상(像)을 만들지 못하므로 책 읽기를 싫어하며, 끈기 있게 어떤 일을 해내는 지구력과 인내심도 키우기 어렵습니다. 그렇게 되면 상상력도, 창의력도, 주체성도 없이 유행만 좇으며 얄팍하고 무분별하게 모방만 하면서 살아가는 사람이 되기 쉽습니다.

대체로 아이들은 아기 때는 부모와 자신을 동일시하다가 점차 독립하면서 다양한 모델을 찾습니다. 모든 아이에게는 부모와 현실, 자신의 이미지에서 벗어나 색다른 인물과 자기 세대에게 맞는 이상적인 모델을 닮으려는 욕구가 있습니다. 그래서 아이들은 자신에게 친근한 텔레비전의 주인공을 이상형으로 삼아 자신과 동일시하기도 합니다. 물론 이런 모방 심리가 무조건 해로운 건 아닙니다. 그러나 만약 텔레비전에 나오는 폭력적인 모델을 그대로 받아들이고 그 이미지를 모방하여 따라 한다면, 정말 위험합니다.

2. 현실과 텔레비전 속 세상을 구분해주세요.

텔레비전에 나오는 내용은 상업적인 계산으로 만들어졌기 때문에, 실생활을 그대로 표현하기보다는 비현실적이고 자극적인 것들이 많습니다. 더구나 텔레비전 뉴스나 영화에서는 세계 곳곳에서 벌어지는 이런저런 사건의 끔찍한 장면들이 저녁 식사 시간에 생중계로 방송되기도 하고, 폭력적인 만화영화도 온 가족이 텔레비전 앞에 모여 있는 시간에 방영됩니다. 폭력적인 장면은 아이에게 격한 감정을 일으켜 악몽으로 나타나기도 합니다.

물론 누구에게나 공격적인 성향은 있으며, 공격성을 너무 억제하다 보면 아이의 성격 형성에 해롭다고 합니다. 그래서 아이들은 공격적인 충동을 폭력적인 놀이의 형태로 발산하기도 하는데, 텔레비전이나 영화의 폭력적인 장면은 아이의 마음속에 억눌러 있던 공격성을 자극하는 효과가 있습니다. 아이들에게는 현실을 재현하고자 하는 욕구가 있기 때문에 폭력적인 장면을 보면서 자신이 실제로 그런 행동을 해도 된다고 생각하며, 현실과 상상의 세계를 구분하지 못하는 아이들은 이런 행동을 실행하기도 합니다.

3. 텔레비전으로부터 아이의 감성을 보호해주세요.

- 텔레비전을 켜기 전에 가족들이 같이 볼 프로그램을 먼저 의논하세요. 엄마 아빠는 아이들의 음식이나 책을 고를 때와 마찬가지로, 아이가 시청하는 텔레비전 프로그램도 신중하게 선택해서 보게 하세요.
- 텔레비전을 볼 때는 함께 대화를 나누면서 아이가 텔레비전을 보고 나름대로 판단할 수 있도록 지도해주세요. 좋지 않은 프로그램이 나올 때는 과감히 끄는 결단력을 발휘하고, 좋은 프로가 나오면 방송국에 시청자 격려 전화나 편지를 하면서 엄마 아빠부터 텔레비전을 능동적으로 시청하는 모습을 보여주세요.
- 가족이 함께 저녁 식사를 할 때는 텔레비전을 끄고 그날 있었던 일을 이야기 나누세요. 뉴스는 엄마 아빠만 시청하고, 세상 돌아

가는 일 중에 아이에게 알려주어도 될 것을 선별해서 이야기해주는 것이 좋습니다.
- 텔레비전 대신 무엇을 키우거나, 가족 공통의 취미를 찾아보세요. 그리고 낙서나 핑거 페인팅, 찰흙 놀이와 같이 아이들 내면의 스트레스를 풀어주고 아이의 공격성을 발산할 수 있는 합리적 분출구를 찾아보세요. 또 음악을 켜놓고 아이와 함께 복식 호흡을 하거나 가족이 함께 자연스럽게 춤을 추는 등의 신체활동을 즐겨보세요.
- 아이에게 솔직하고 자연스럽게 감정을 표현하는 훈련을 시켜주세요. 그러기 위해서는 엄마 아빠부터 아이에게 감정을 솔직하게 표현해주세요("엄마도 속상해서 눈물이 나"). 이렇게 감정을 적극적으로 표현하는 것은 무의식의 영역을 열게 하여, 정신 건강뿐 아니라 지능 발달에도 큰 영향을 미칩니다.

마치면서

아이의 세계는 어른들의 세계와 다릅니다. 아이는 무엇보다도 감정으로 느끼고 감정으로 반응합니다. 눈에 보이지 않는 것을 느끼고 상상할 수 있을 만큼 세상에 대한 경험이 없지만, 아이는 이 낯선 세계와 연결되고 싶어 합니다.

그러므로 아이와 감정으로 교류하며 신체적으로 접촉하고 대화를 많이 해주세요. 아이의 버릇을 들일 때도, 이러한 교감을 기반으로 자제심과 상황에 대한 분석력을 키워 마음의 건강을 지키고 발달시킬 수 있도록 해주세요.

아이에게는 생활 속의 놀이를 통해 배우는 것이 제일 좋습니다. 그러므로 생활 속에서 놀이 환경을 만들어주고, 발달 단계에 맞는 자극을 줄 수 있는 대화와 질문을 많이 해주세요.

다양한 놀이들(정적인 놀이와 동적인 놀이, 실내에서의 놀이와 야외에서의 놀이, 혼자 놀이와 또래와의 놀이)은 하루 일과 속에 배합되어 하나의 생활 리듬을 이룰 필요가 있습니다. 신체 능력, 인지 능력, 언어 능력, 사회성이나 정서 능력은 각각 따로 키워지는 것이 아니라 서로 연관되어 발달하므로 아이가 전인적인 발달을 이룰 수 있도록 신경 써주세요. 또 아이와 엄마 아빠가 함께 생활하며 즐길 수 있는 교감 육아의 시간표를 만들어보세요.

아이를 방 안에 앉혀놓고 가르친다고 잘 가르칠 수 있는 것은 아니지요. 또 엄마 아빠만의 힘만으로 아이를 가르치는 것도 사실 벅찹니다. 그러므로 아이의 문제를 친지와 이웃과 함께 해결할 수 있도록 항상 마음의 문을 열어놓으세요. 유치원이나 학원에서도 내 아이만 잘 봐주기를 요구하지 말고 교사들과 허심탄회하게 생각을 나눌 수 있는 관계로 만드세요. 그리고 아이에게 맑고 건강한 사회와 환경을 물려줄 수 있도록 작은 것이라도 사회적인 일에 관심을 기울이며 실천해보세요.

아이에겐 그 나이에 배워야 할 것이 있고 받아야 할 사랑이 있습니다. 그것이 아이의 마음과 인격을 만들죠. 자주 시들었던 화분은 꽃을 피울 수 없고 한 번 막힌 샘물은 자주 막히듯, 그 기회는 한 번뿐입니다. 그러므로 엄마 아빠 스스로 인생에서 무엇이 우선 중요한 것인지를 정하여, 사랑하는 아이에게 충분한 사랑과 가르침을 주어 후회하지 않는 부모가 되시기 바랍니다.

이 글을 쓰는 데 참고한 책들

- 가와이 하야오(김유숙 옮김), 『아이들의 우주』, 학지사, 1997
- 강정이, 『엄마와 함께하는 미술여행』, 생활지혜사, 1994
- 고희경, 『가까운 야외에서 자연과 친해지는 방법』, 교학사, 1998
- 곽덕영·김미화, 『부모교육론』, 형설출판사, 1998
- 권영례·박영충, 『탐구영역 운영을 위한 수학/과학 주제통합』, 양서원, 1998
- 권정생, 『강아지똥』, 길벗어린이, 1996
- 김광언, 『민속놀이』, 대원사, 1999
- 김은심, 『유아동작교육』, 정민사, 2001
- 김재은, 『머리 좋은 아이로 키워라』, 샘터, 1988
- 김재은, 『미래를 위한 자녀 교육』, 샘터, 1986
- 김정규·정남미·한애향, 『문학적 접근에 의한 유아언어교육 프로그램』, 정민사, 1998
- 김정화, 『유아 음악 놀이지도』, 학문사, 1998

- 김지은·문혁준·김경희 『보육과정』, 창지사, 2010
- 김춘일 외, 『유아교육의 이해』, 교육과학사, 1998
- T. 베리 브래즐턴 외(노혜숙 옮김), 『우리 아이 발달 리듬에 딱 맞는 브래즐턴 육아법 set』, 세종서적, 2004
- 다니엘 스턴(곽덕영 옮김), 『유아와 어머니』, 학문사, 1995
- 더어슨(한국영재교육개발원 옮김), 『엄마는 아이가 가장 좋아하는 장난감이다』, 시간과공간사, 1999
- 류경화·하은미, 『5세 누리교육과정에 기초한 유아놀이지도』, 태영출판사, 2012
- 매리 자임(문용린 옮김), 『피아제가 보여주는 아이들의 인지세계』, 학지사, 1998
- 문미옥 외, 『놀면서 배우고 놀면서 자라요』, 여성사, 1995
- 미누 아줄레(문경은 편역), 『아이의 엉뚱한 질문 이렇게 대답하세요』, 중앙일보사, 1996
- 박금숙·이은순, 『아이는 그림으로 말한다』, 여성사, 1993
- 박화윤, 『유아를 위한 창조적 미술 활동』, 정민사, 1999
- 샘터편집부, 『만화로 보는 예술교육』, 샘터, 1997
- 샘터편집부, 『만화로 보는 좋은 아빠』, 샘터, 1997
- 우리누리, 『아이의 성격에 맞게 기르고 싶은 엄마를 위한 59가지 육아법』, 책이있는마을, 1998
- 우리누리, 『아이의 행동에 고민하는 엄마를 위한 101가지 육아법』, 책이있는마을, 1998
- 우리누리, 『놀면서 배우는 생활·환경 과학 1 : 우리집은 과학 실험실』, 두산동아, 1997
- 유효순, 『아동발달』, 창지사, 1998

- 이경우·이정환, 『유아를 위한 과학교육』, 창지사, 1999
- 이영자, 『유아언어교육』, 양서원, 2000
- 이윤옥, 『유아의 창의성 함양을 위한 짧은 이야기 활동』, 창지사, 1998
- 이은희, 『맞벌이 부부의 아이교육 뛰어넘기』, 한울림, 1999
- 전경숙, 『좋은 정서경험이 올바른 인생을 만든다』, 민지사, 1993
- 경윤주, 『육아소프트』, 동화문학사, 1994
- 조준영, 『그림책, 읽어 주세요』, 웅진닷컴, 1996
- 차경수·정문성·구정화, 『유아사회교육』, 학문사, 1998
- 최열, 『최열 아저씨의 우리 환경 이야기』, 청년사, 2001
- 캐롤 게츠위키(황윤세 외 옮김), 『발달에 적합한 실제 : 유아교육과정과 발달』, 정민사, 2008
- 휴즈 외(김수영 외 옮김), 『유아의 놀이와 발달』, 창지사, 1998